JN066400

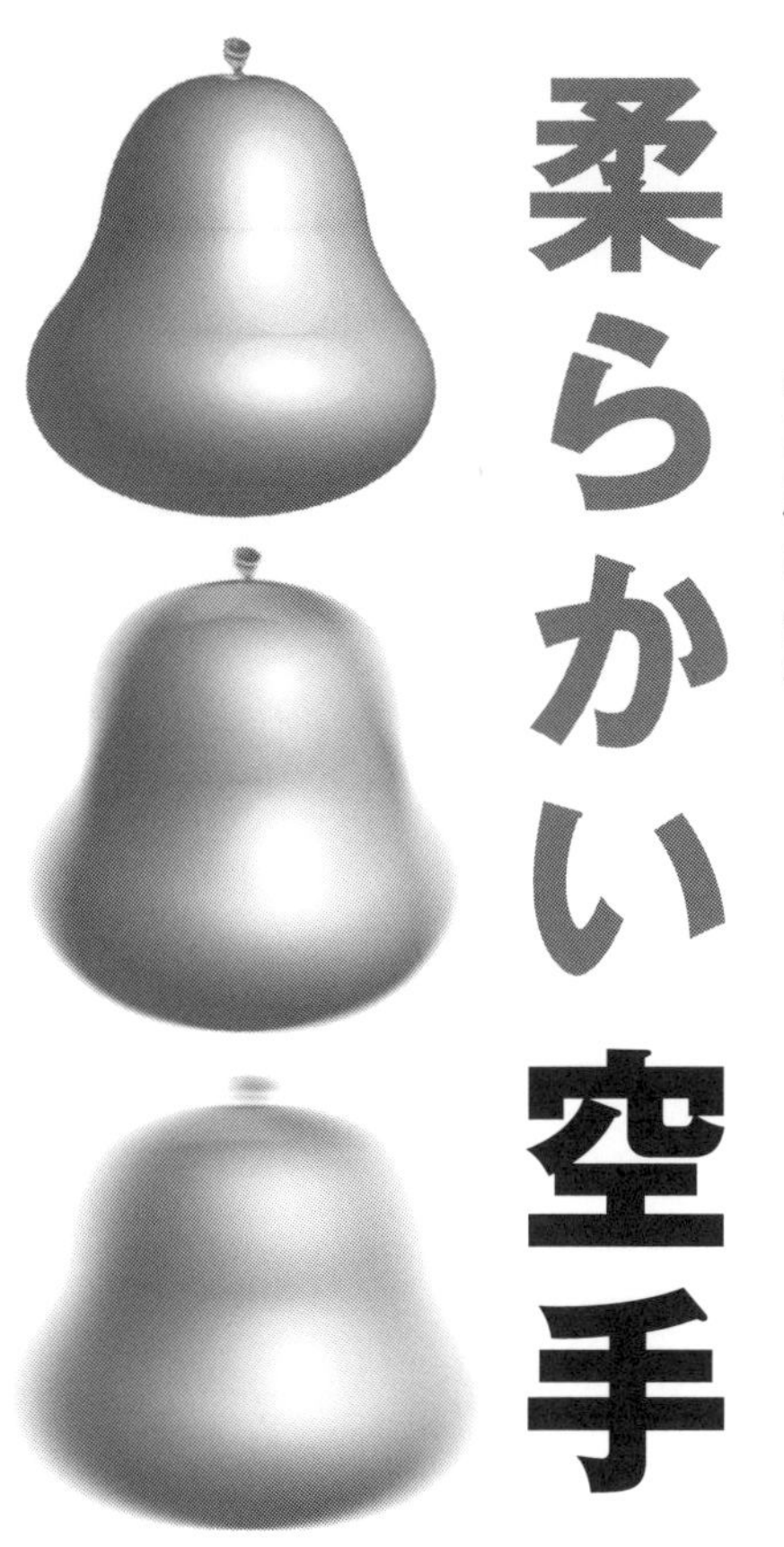

柔らかい空手

富樫宜弘
世界梁山泊空手道連合　総帥

BAB JAPAN

はじめに

これからは、今までの常識・固定観念・道徳では生きられない、まったく新しい時代がやってくる。その新しい時代に対応する生き方こそが我々には求められている。

それは、地位・名誉・財産・世間の評価を捨てる勇気であり、一人になること、孤立すること、自分がもっている物を失うことに恐れない覚悟を持つことではないかと思う。

私は、空手とは、体力・運動能力・年齢を超え、誰もが強くなる為に平等にチャンスが与えられているものだと思う。

生まれ持った運動能力や才能だけがモノを言うようならば、それは真の武道ではない。武道の理は誰もを至高の境地に導くものだ。

真に強くなるとはどういう事なのだろう？

それを必死に追い求める中で、本当に必要なものがはっきりとわかった。それは〝柔らかさ〟だ。多くの人を弱き者たらしめている要素はいろいろあるが、何よりもまず、先入観、固執…そういったものなのではないだろうか？

私は強さを追究していく中で、いろいろな気付きがあった。いろいろな固定観念を捨てもした。

睨撃拳（げいげき）を戦いの主軸に掲げた。その名のとおり、相手の突き・蹴りを待ち構える。ここには前提として自身が崩されない技術が必要だった。そして、〝受けて〜反撃する〟、では駄目だった。受け・攻撃を同時に行なう必要があった。

そして、何よりも大事な事は、その場の状況に応じて柔軟に対応できるようになる事。言うなれば技術を自然体の中に取り込む事だった。

本書でご紹介する技術は、とんでもなく高度な技術のように映るものもあれば、本当になんでもない、ごく自然なもののように思えるものもあるだろう。しかし、それらを貫くものは一つであり、目指すところは一つである。

読み進めていくと、ある種思考が揺さぶられるところもあるだろうと思う。「これは本当に空手なのだろうか?」そんな風に思えるものもあるかもしれない。

そんな要素の数々がすべて自然に受け入れられる〝柔らかさ〟をあなたが手にできたならば、それこそが真の強さであるような気もするのだ。

2020年6月

世界梁山泊空手道連合　総帥

富樫宜弘

推薦のことば

武道教育の重要性を語り合って眞日本武道空手道連盟・世界梁山泊空手道連合・名誉会長という重責を受け、数十年、日本を背負う若者達のことや国・社会、国際的視野にたっての問題等、真剣に語り合ってきた。

時が経つのは早いものである。その富樫総師が実践に堪えうる『柔らかい空手』という著書を著すとのこと、永年の空手道一筋に打ち込んで得た極みと思っている。

総師の考える空手の本質は、武士道でみる侍の本質でもあると私は思う。

事ある時に備える生き抜く為の護身、正に的を射ている真に使える護身術に力を入れてきたとの事、僭越ながら私が思うに、実戦ではエネルギーの配分が最後に物をいう精神的な心の強さや勇気はもちろんだが、しなやかに相手の攻撃を捌き、受け流し、タイミングを計り体の中心を崩すと同時に的を射る、内に秘めた強靭さ、武道の氣練が浮かんでくる。

氣をかわす、流す、消す、そらす、止める、抜く、制す、殺す等、永年の鍛錬により得た極みは、言葉では難しいものがあるのではと察している、実践の妙味とも言える生き抜く為の護身、実戦では戦い守り抜く戦略も重要な要素、と私も思うところであり、これからの時代、本物の実が求められる時が来たとも感じる総師の思う武士道精神の原点、日本の古来より伝わる伝統の重要性をも見る思いがして、楽しみである。

何が起きるかわからない時代に、強靭な柔軟性で謙虚に静かに備える、想像をしながら侍の決意・決断・覚悟、自然体の柔らかな、動ずることのないしなやかな、余裕ある、強靭な武士道を見るような感じがしてならない。
この実践（実戦）術を総師より指導を受け、国を想い、郷土を想い、家族を想い、世界を考え、大義・道義・信義をもってたくましく雄々しく何が起きても慌てることなく、不動の心で国を想い、備える若者が育ってほしいと願う次第である。思うに、
明治天皇の謳われた
大和心の雄々しさは、事ある時にぞ現れにけり
が思い浮かぶ。

２０２０年年6月

合掌、

藤岡　弘、

目次

第5章 柔らかなコンビネーション

第6章 〝柔らかさ〟を作る鍛錬

目　次

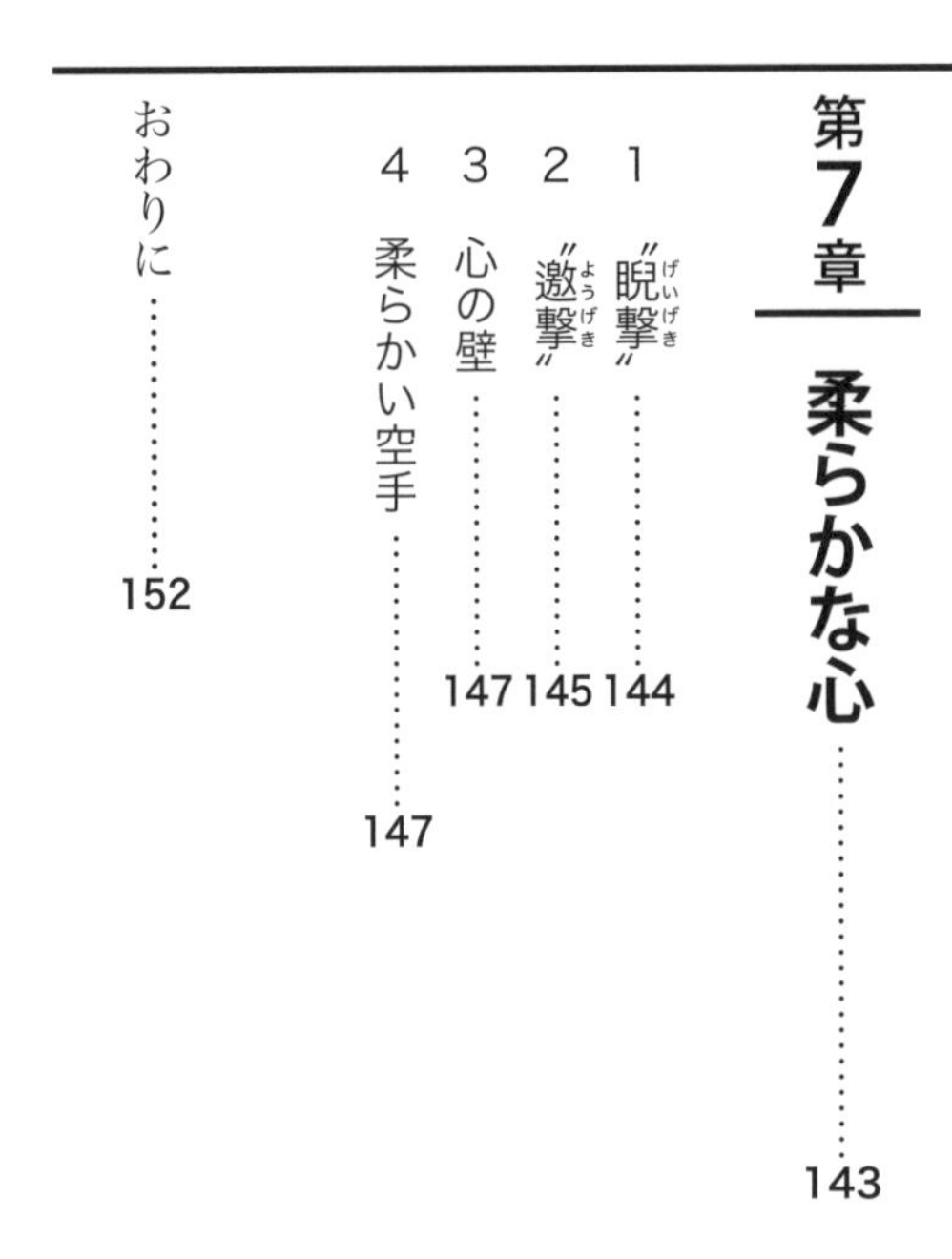

第7章　柔らかな心

“柔らかさ”の本質

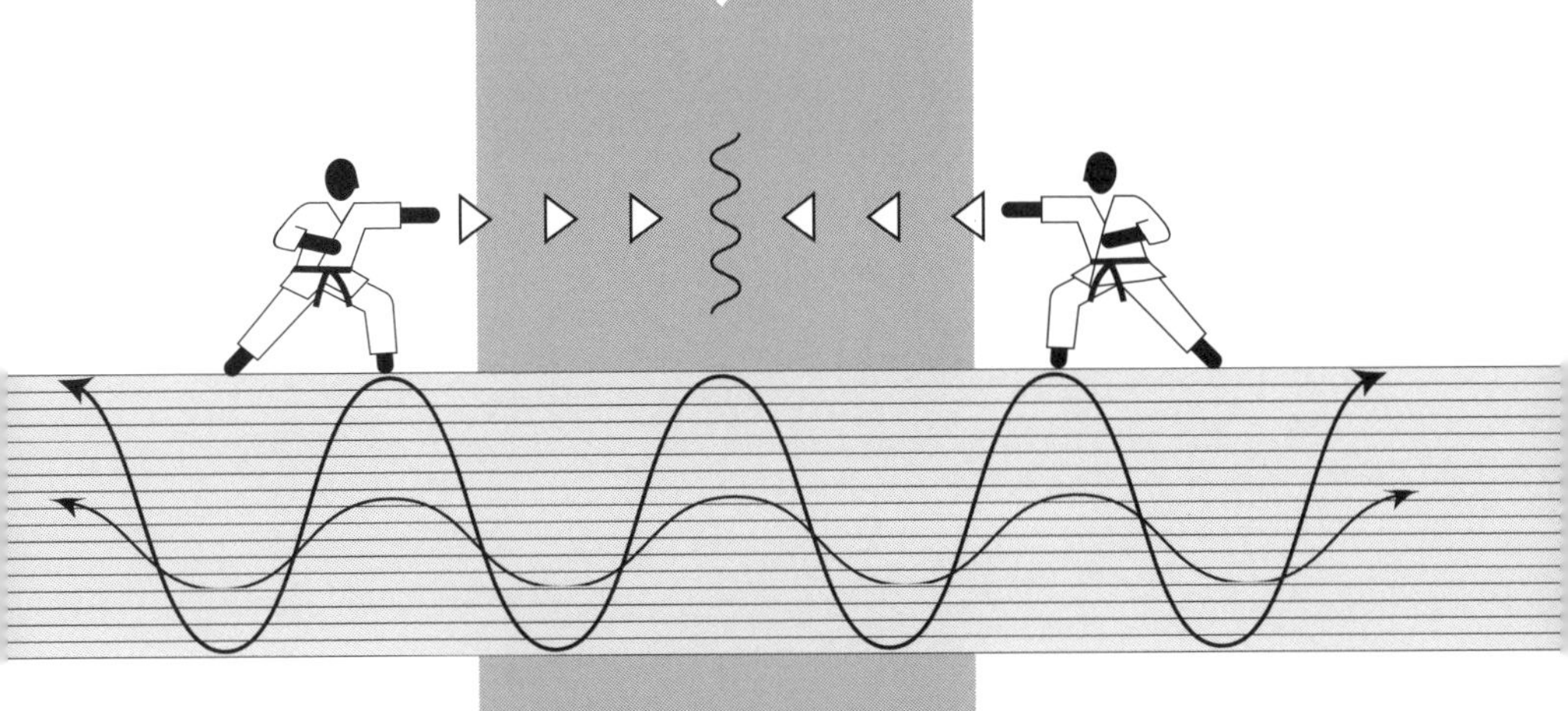

1 本当に有効な〝柔らかさ〟とは？

　どんな世界にも通用する極意として〝脱力〟が市民権を得て久しい。

　武術であろうとスポーツであろうと、力んでしまっては駄目。動きはとたんにままならなくなる。

　力めば体は固くなる。これはこれで強そうとも言えるかもしれないが、間違いなく動けない体だ。柔らかくありたい、というのはもはや何においても真理だと言って過言ではないだろう。

　私は空手に〝柔らかい〟という理想を掲げた。空手は柔らかくあらねばならない。しかしこんな簡単なキーワードの追求が、とてつもなく難しいのだ。それについては、本書を手にとって下さった読者ならば例外なく理解いただけるものと思う。

　完全に脱力してしまえば、確かに体は固くはならず、ふにゃふにゃとした感じになる。しかしそんな風では大きな力を生み出す事はできない。

　〝動きの柔らかさ〟もある。ギクシャクとした固い動きでは空手は駄目だ。では、〝動きが柔らかい〟とは、どんな風な事を言うのだろうか。柔軟体操を一所懸命やったら動きも柔らかくなるかといったら、そうではないところが難しい。

　〝柔らかい〟には、意外によくわかっていない、しかしだからこそ手に入れてみれば尊い、さまざまな極意が含み持たれている。

　ここで、目指すべき〝柔らかさ〟というものを、ある程度はっきりとイメージ化させたいと思う。

　また別のよく言われる極意に〝全身を連動させて使う〟というものがある。簡単に言えば、部分でなく全身を総動員して使う、という事だ。腕だけ使って繰り出す突きは弱いが全身を使った突きは威力がある、脚の力だけ使っても高くは跳べないが、全身を一つのバネのように使えば大きな跳躍力が得られる、といった感じだ。これもジャンル問わず通用する極意と言えるだろう。

　しかし、〝連動〟とは何だ？　全身がつながると

水を詰めた風船を下図のように捻って放すと、“ブルン！”と一瞬のうちに元に戻る。この時、風船の上部と下部は違った動きをするが、その動力源は同じゴムの復元力。すなわちいわば「一つの動き」であり、「連動」なのだ。

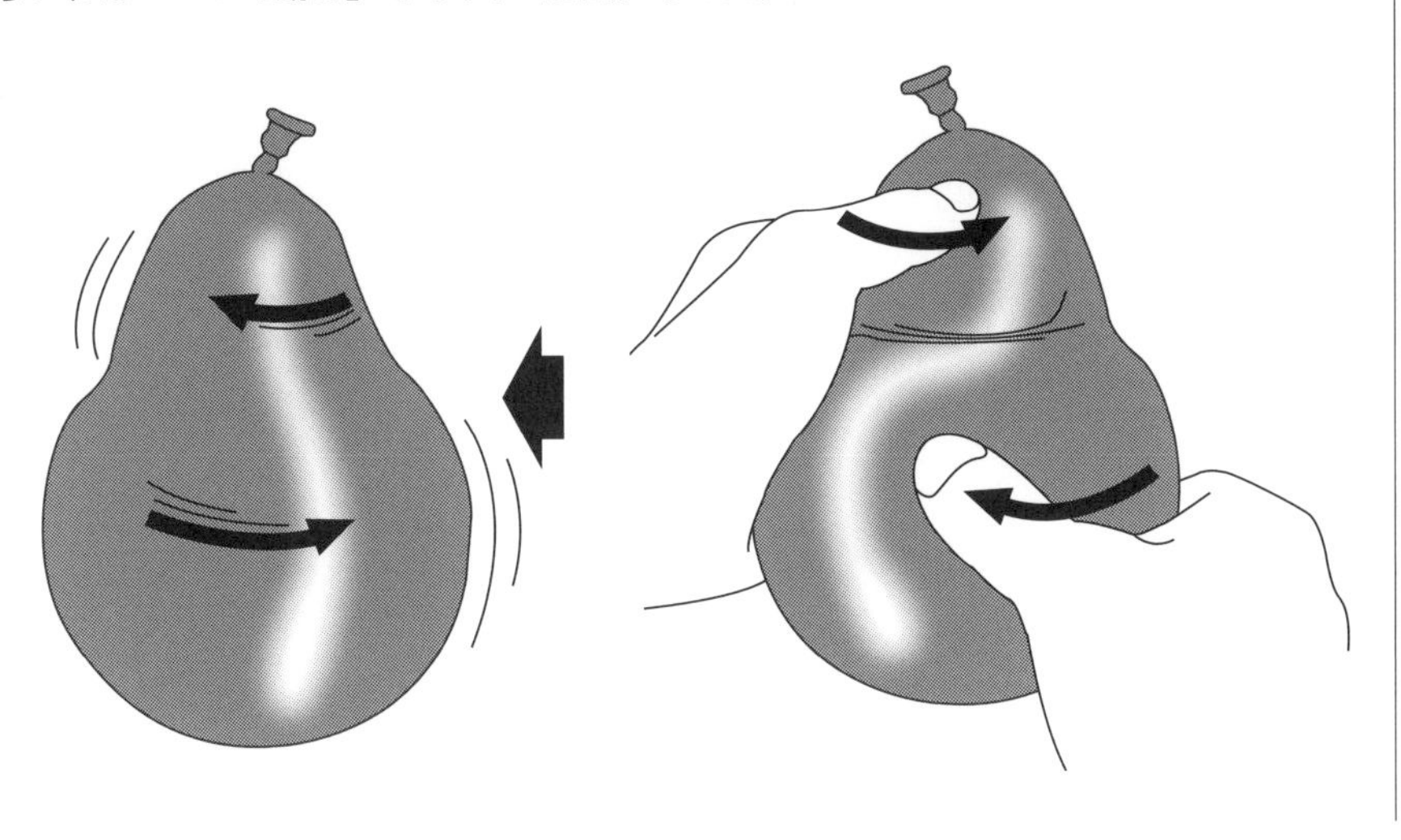

はどういう風に使う事なのだろう？

これを、「全身をガチっと固めたらつながるのでは？　そうすれば自然に全身が一緒に動くはず。柔らかい状態ではブラブラでバラバラなのでは？」と思った事はないだろうか。しかしこれに対しては「一緒に動いてしまう体というのは良くない状態なのでは？」とも思えるだろう。つまり〝連動⇔部分〟の図式と〝柔らかい⇔固い〟の図式の折り合いがついていないのだ。

当然ながら、一緒に動いてしまう、というのは不自由な体だ。でも、バラバラに動く体の方が本当にいいのか？　バラバラに動ける自由な体がどう〝連動〟に結びつくのがわからない。

実は、この〝バラバラ〟を〝連動〟として成立させる絶対要因こそが柔らかさなのだ。

例えば、水を詰め込んだ風船を想像していただきたい。

上図のように捻って、パッと放すと、風船は上部と下部とで正反対の違った動きをする。しかしこの動力源は、同一のゴム（風船それ自体）、それだけだ。つまり、この一見バラバラな動きは、バラバラに生み出されたものではない。真の意味での〝連動〟から生み出されているという事だ。

　このように、〝連動〟の結果は時として複数の違った動きのように現れる事もある。それらを〝連動〟たらしめているのがまぎれもない〝柔らかさ〟だ。

　これがひとつながりの固いプラスチックでできたボールのようなものだったら、そもそもこんな風に自由に動けない（複数の動きを包含できない）。あるいはビンにスクリューキャップがはめられたようなものだったら、同じように上下別方向に捻る事はできるが、そこからの〝連動〟は生まれない。ともに〝柔らかさ〟というベースがないからだ。

　別な言い方をすれば、〝柔らかさ〟に湛えられていれば、〝連動〟は必ず、自然に生まれる。例えば、先述の水風船の一部をちょっとつまんで張力を生じさせたとする。実はそれだけで、その張力は風船のすべての部分に伝搬している。力も働きも、勝手に伝搬する。柔らかくつながってさえいれば。

　〝連動〟とは何か特別な「つなげる操作」でなく、「柔らかくつながった身体」という状態により生み出されるものなのだ。これは本来の自然な状態、と言う事もできる。人は不必要な力みだとか、〝不自然〟に陥った瞬間に連動も失われる、

　この〝ブルン！〟という質感を湛えた自然な〝柔らかさ〟を追求したい。腑抜けのような脱力は、いわば空の風船だ。物理的につながってはいても、〝連動〟など生まれない。

　誰もが「全身連動」を求める。しかし、その多くは「固まって一緒になってしまっている動き」だ。

　動物は〝自然〟に動けば「全身連動」になるようにできている。しかし、人間は構造的にも運動的にも相当な「複雑さ」を獲得してしまったので、〝力む〟事によって、局所的な力で局所的に動く事もできるし、「固まってしまって一緒に動いてしまう」動きもできるようになった。これらはどちらも本来の力を発揮する事はできない稼働だ。

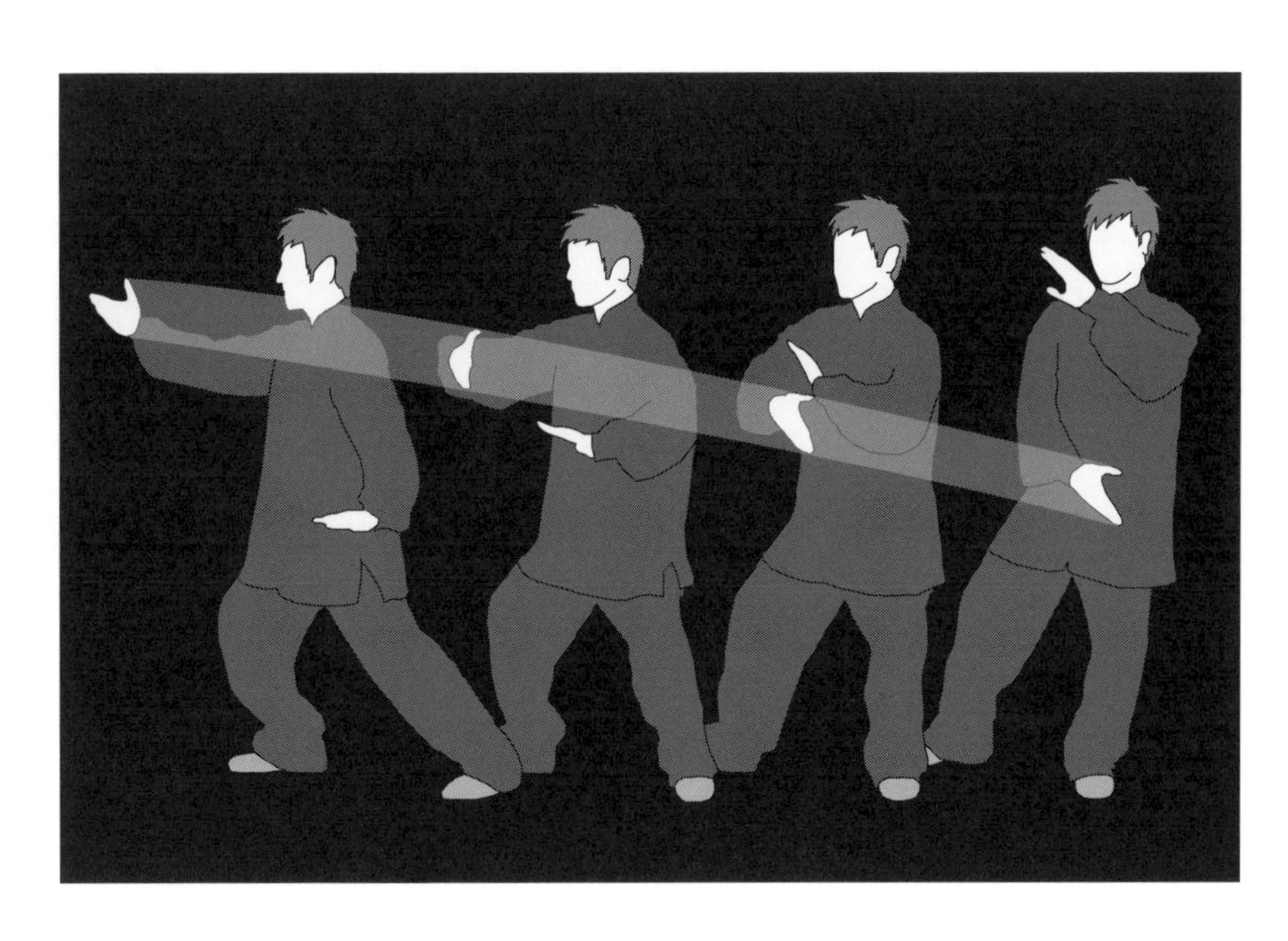

名人達人の動きは一見〝単純〟である事が多い。しかし、その本質は実は〝単純〟ではない。複雑な動きの集成だ。足はこういう風に働き、股関節はこういう風に働き、背骨はこういう風に働き、…といったように、文字にすると身体各部位が別々な仕事をしているかのよう。しかしそれが確かに一つの仕事のために柔らかくつながっている、それが本当の「連動」というものだ。

そういう動きができる空手を目指す。そういう動きができる身体を目指す。

すべてを象徴するキーワードは〝柔らかい〟に他ならない。

2 動きの〝柔らかさ〟

おおよそ武術でもスポーツでも、「固い動き」が褒められる事はない。

では、「柔らかい動き」とはどんな動きの事を言うのだろう。

例えば、太極拳のような動きを想像する方も多いだろう。ゆっくりとした、曲線的でなめらかな動き。もちろんこれを「柔らかい動き」としても間違いと言うつもりはないが、実は必要条件は最後の「なめらか」だけだ。スピードや動線形状は関係ない。直線的で速い「柔らかい動き」も存在する、と私は考えている。

質の高い動きは、例外なくムラがない。ムラとは意図せず発生してしまう滞りだ。意図的に生じる緩急はよいが、意図せずしてギクシャクしてしまう動きは何においても有効性が低い。

大きくゆっくりとした動きにはムラが現れやすい。小さく速い動きではごまかせても、大きくゆっくりとした動きはごまかせない。そのムラをなくしていく事が、大きくゆっくり動く稽古の目的だ。つまり、大きくゆっくり動く中で、動きの質を高めていく。そうして初めて真に〝柔らかい動き〟が得られる。

我々の空手も時に、最初は大きくゆっくりとした動きから始める。そうしないと見えてこない部分もあるからだ。

3 〝柔らかさ〟の本質

空手に必要な〝柔らかさ〟は、股割りをしたり各所ストレッチを入念にやった所で手に入らない。逆に言えば、外見的な身体可動性が必ずしも大きくなくとも、〝柔らかい動き〟は可能だ。

身体的に言うならば、目に見えた可動性よりも、内包的な柔らかさの方が大切だ。いわば体それ自体の質が柔らかいという事だ。

この柔らかさは、動きの追求の仕方次第で手に入る。

全身が連動する身遣いができる人も、ムラのないスムーズな動きができる人も、それらができない人に比べると、身体中の動くべき部分がきちんと動かせている、という特徴がある。ほんの小さな部位だったりもする。

前項で「最初は大きくゆっくりとした動きから始める」と述べたのは、その動くべき部分をしっかりと動かすところから始めるためだ。武術は相手よりも早く動きたい宿命を背負っているため、どうしても小さな動きを目指す方向性にある。しかし、小さな動きは大きな動きに比して威力に劣るのは明らか。かくしてその威力を高めるべく研鑽していく訳だが、ここに一つの落とし穴がある。威力を出すためには本来動くべき部分が動かないまま、その最小限の動きの範囲内での修練にとどまってしまうのだ。

大きく動かして最大の身体稼働をさせる所から始め、その動きを小さくすべく研鑽していく。これが正しいあり方だと私は考えている。

大きく動かす事によって得られる威力をそのまま小さな動きで実現するには、どうしても内在的な〝柔らかさ〟が必要になってくる。その働きは、実は意図的にはなかなかできるようになっていかないのだ。

本書ではその〝大きく動かす〟所を多分に含んで解説している。それを小さく速く動かすよう努力していく中で、身体の内在的な〝柔らかさ〟が養われていく事と思う。

〝柔らかさ〟は、本当にいろいろな意味で、空手を単なる体操から真の武術へ昇華させるために大事な要素だと思う。例えばこういう事だ。

私は50歳から天心象水流拳法 岩城象水初代宗家に師事し、63歳で武蔵天心象水流拳法二代宗家を継承するに至った。

岩城宗家が体現する武術は〝柔らかさ〟の極致だと思う。そして、私は空手に岩城宗家から教わった理を取り込ませていただく事にした。武術は伝統芸能ではない。理に適う事ならば積極的に取り入れ、変化していかなければ決して真実にはたどり着けないと思う。これも発想の〝柔らかさ〟ゆえなのではないかと自負している。

例えば、我々の空手は正拳突きと言えば〝縦拳〟を意味する。空手の正拳突きと言えば、おおよそ流

天心象水流拳法　岩城象水宗家

派問わず〝横拳〟だろう。

本書でご紹介する内容は、空手家の方からみれば空手らしからぬところも多々あるだろうと思う。しかしそれでもきっと、流派問わず空手を志す方々にも、あるいは他の武術や格闘技を志す方々にも、大きなレベルアップにつながる内容だと信じている。

「剛柔流」という流派もあるくらいで、〝柔らかさ〟が空手においても大事な事はすでに十分に明らかになっている。しかしそれでいて、空手に〝剛〟のイメージばかりが先行しているのは、不思議というべきかもしれない。それは、〝柔らかさ〟というものの質が本当の意味では理解されていないせいではないかと思う。

でも実は、ものすごく単純な事のようにも思えるのだ。

柔らかな攻撃

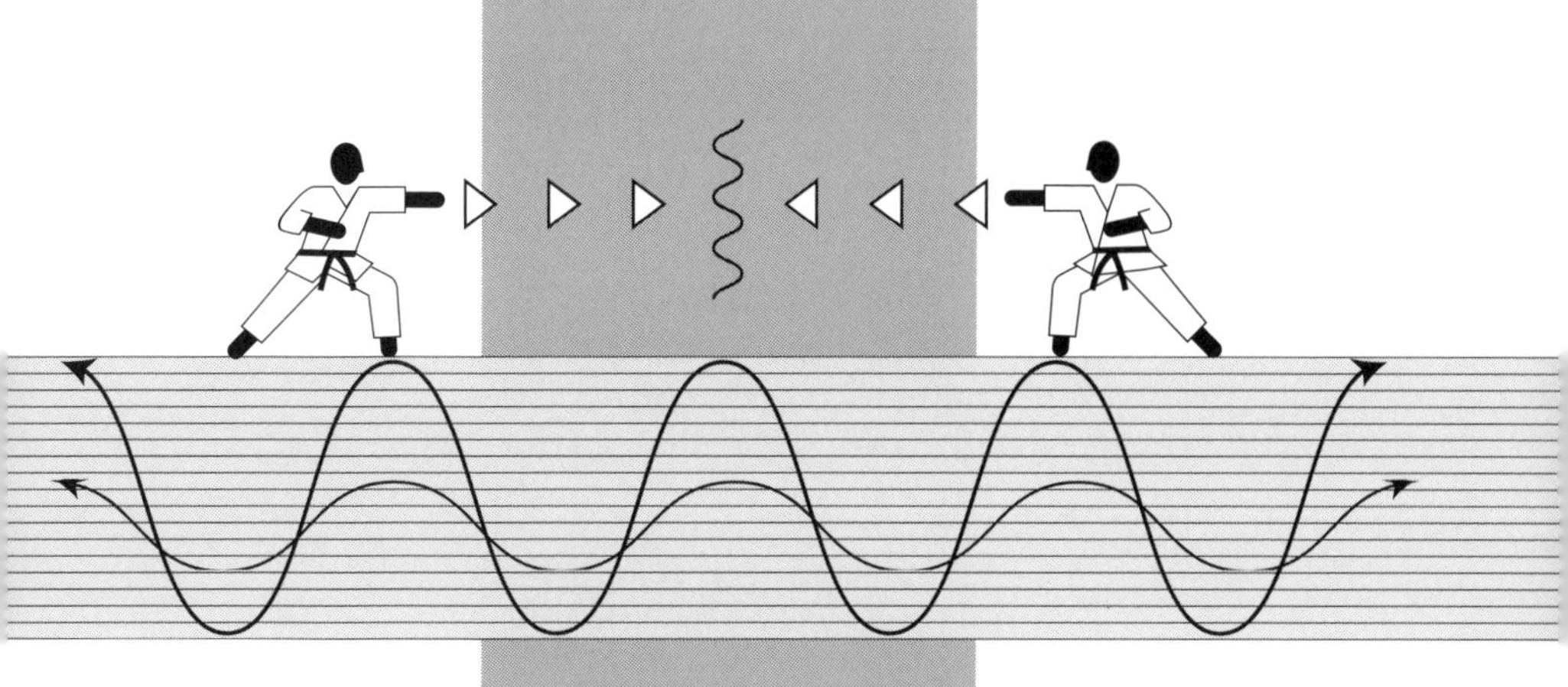

1 追い突きの〝ダメ〟

私は、空手の基本は追い突きと前蹴りにあると考えている。

しかしこの追い突き、修練していないとなかなか難しい。形だけ行なうのはもちろん簡単だが、なかなか威力が出せないのだ。

この動きは、例えばボクシングなどではほとんど見られない。やってみた所で、足を止めての〝ジャブ〟と変わらないレベルにしかならない。その意味では、誰でもが自然に出てくる動きではない。修練を重ね、洗練を経た上で成立した動きなのだ。

一歩踏み込みつつ、その踏み込み足側の手で突く。いわば同側の〝ナンバ〟に相当する動きで、そういう意味では一見して理にかなってはいる。しかし言うと行なうとでは大違い。〝ナンバ〟は体重がその踏み込み足なり手なりに大きく乗せられるゆえに威力を出せるというのが理屈だが、やってみるとそれ以前に上体の突き動作自体がうまく行なえないのだ。

それを、初心者にはまずこのように指導している。踏み込んだら、そこから突き手側の肩を大きく引くようにして捻りを入れる。そして、その上体の捻りや肩の引きを大きく利用して突くのだ。

もちろん、一拍余計なものを入れる訳だから遅くなる。しかし、このプロセスを入れないと、本当に順突きで威力を出す操法が始まらないのだ。

この動きが身についてきたら、だんだん小さくしていけばいい。威力を出すための原点の動きが身についていれば、表面的な動きを小さくしていっても、〝中〟がしっかり動いてくれる。すなわち、傍目には見えないほどの〝ダメ〟が生まれている。ここにはもちろん〝柔らかさ〟が必要だ。固まった体では〝中〟は動いてくれない。もっとも、それは、最初の大きな動きが身に付いていれば自ずとわかるはずだ。

大きく捻る初期稽古の動きでは、踏み込んでいっ

追い突きの“タメ”を作る初期稽古

一歩踏み出たら（写真1～2）、突き手側の肩を大きく引いて上体の捻りを作る（写真3）。捻りを利して、大きく突く（写真4）。

追い突きの“タメ”比較

“見えないタメ”が生じていない追い突きは威力がないが（写真右列）、大きく動く「初期稽古」を経て“タメ”がある追い突きは見た目以上の威力が発揮される（写真左列）。

たん止まる訳だから、前進力も体重も突きにはまったく活きてこない。それを、動きを小さく、タイミングを踏み込みに寄せていく事によって、シンプルな追い突き動作でありながら大きな威力をはらむ空手の突きになっていく。ここでは〝ジャブ〟が〝ストレート〟に変わるほどの変化が起きてくる。

できている動きを大きなものから小さくしていく事は、比較的難しくはない。上達プロセスにおいては、誰もが通る道とも言えるだろう。しかし、できていない小さな動きをできている小さな動きに高めるのは容易ではない。ベースがないからだ。そのベース形成を、動きを大きくしないという制約の中で行なわなければならない。これがなかなか難儀なのだ。

初心者は上級者の完成度の高い突きを見て、真似をする。これがどこでも見られる一般的な稽古のスタイルだろう。これはもう、大昔からそうだったと言っていいだろうと思う。昔は説明すらもろくにしてくれなかった。「見て盗め」が当たり前だったろう。

それだけに、どこを見るかが重大問題なのだ。

上級者の素速い突きを見て、自分もあんなスピードで突けたらなと思う。自分なりに無駄を削ぎ落として、どんどん速い突きを目指していく。これはこれで間違っていないのだが、それで陥りやすいのが、上級者がその素速い突きの中で密かに威力を生み出しているメカニズム（＝見えない〝タメ〟）にずっと気づかないままでいてしまう事だ。これは得てして起こりやすい図式だと思う。気づいた時には何十年も経過していた、などという事は、武術の世界は平気で起こっているのではないかと思う。

私の空手がテーマに据えているのは〝柔らかさ〟だ。しかしそれは第1章でも述べた通り、ゆっくりとした曲線的な動き、という意味ではない。〝柔らかさ〟は見えにくいのだ。その見えにくいものを、いかに体得させてやれるか、あるいはそれを見つける目を養わせてやれるかには、指導者は留意すべきだと思う。

追い突きの“タメ”を作る初期稽古別法

踏み込み足を、踏み込む前にしっかりと上げる（写真１）。この状態から威力ある突きを行なうには、必然的に肩を引く身遣いになる。

1

2

先の、追い突きで肩を引いて〝タメ〟を作る初期稽古でもなかなかうまくできない人もいる。そのために、もっと簡単な別法もある。それは、踏み込む前の突き手側の足を上げさせてしまうのだ。見た目にはその効果はわかりにくいが、これをやると、そのまま〝タメ〟を作らずに突くやり方では、突きにならない。必然的に〝タメ〟を作ろうとする身遣いになってくるのだ。（上掲写真参照）

この〝タメ〟を作れるようになったら。その身遣いは他の攻撃法にもすべて活きてくる。〝タメ〟をこしらえているようには見えないほどの小さく鋭い動きでも、あたかも目一杯タメたかのような強い力が発揮できるようになる。

初級者からみて熟練者の振る舞いは〝見た目以上に威力がある〟風に感じる事があるが、それらには〝見えないタメ〟が隠されている事が得てしてあるのだ。

基本的な正拳突きは〝縦拳〟。親指側（上側）でまっすぐなラインを作って拳頭を当てる。肘は伸ばしきらない。

2 〝拳〟の事

前章でも少し触れたが、当流の正拳突きは〝縦拳〟だ。この手は、簡単に言うと「雑巾を絞った手」だ。理に適った体の遣い方をすれば小さな力でも大きな効果が得られる事は日常であふれている。

〝縦拳〟は寸勁にも通じる動作であり、非常に優れた突きなのだ。中国拳法や、古来日本の「当身」が縦拳であったのはそのためだと思う。

〝縦拳〟の利点はいくつかある。

①構えの状態から最速で出せる。（捻らない）

②肘が下に向いた状態の突きになるため、自然に脇が締まった強い構造が形成される。

③横方向へ受け流されにくい突きとなる。

つまりは、構造的に理にかなっている、という事だ。〝横拳〟が理にかなっていないと言うつもりはないが、無理が生じやすい要素は確かにはらんでい

“縦拳”の利

①構えの状態から最速で出せる

②自然に脇が締まり強い構造が形成される

③横に流されにくい突きとなる

横拳

縦拳

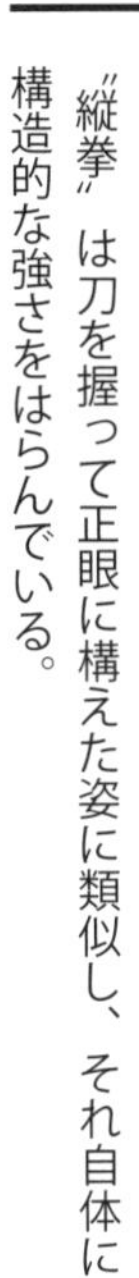
〝縦拳〟は刀を握って正眼に構えた姿に類似し、それ自体に構造的な強さをはらんでいる。

る。

②に示したように、〝縦拳〟は肘が下を向くため、構造的に前後方向にも左右方向にもブレにくくなる。〝横拳〟でとくに肘が外に向いた形だと、前後にも左右方向にもそれ自体の構造的には弱くなるのだ。それでもなお横方向へ受け流されたり、衝撃に腕が曲がったりしたりしないようにするためにはどうするか？

腕を力ませて固めようとしてしまうのだ。

当然ながら、余計な力みはないのが理想だ。力を入れるのは当てる瞬間だけ。それ以外の瞬間はいずれも脱力していたい。そのためには構造的に最強である必要がある。

その、〝最強構造〟を体現していた操法が、空手とはまったく別のところにもあった。それは、刀を握った姿だ。

刀を握って構えると、力まない限りは自然に肘が下に向く。全身の力も中心方向にまとまる。この形が自然にとれれば、ちょっとやそっとの外力には揺

突きは拳の“開→閉”

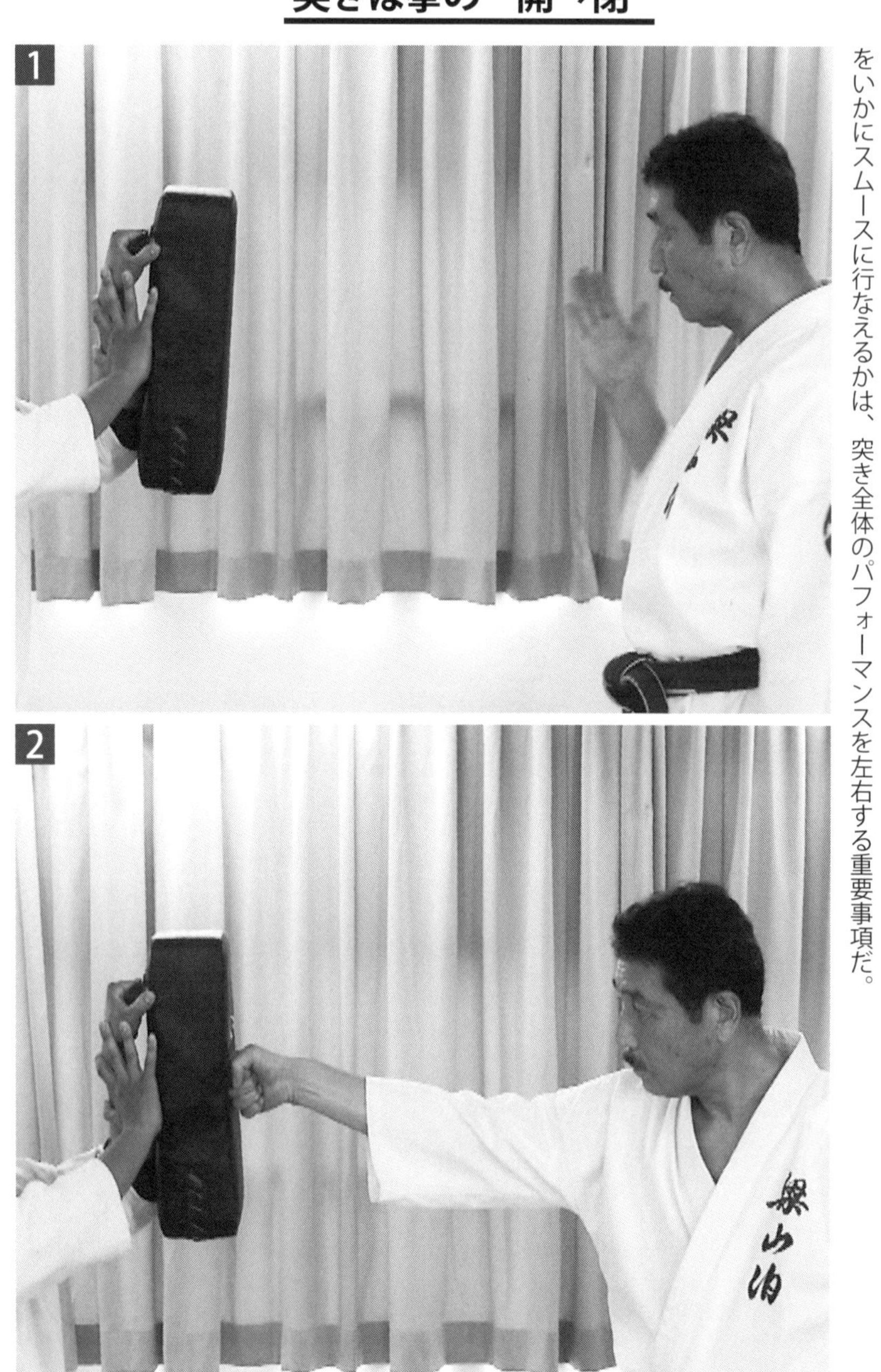

構えの時点では拳は握らす、余計な力は一切入れない。突き込んで当たるその一瞬のみ握りこむ。この“開→閉”プロセスをいかにスムースに行なえるかは、突き全体のパフォーマンスを左右する重要事項だ。

るがない体勢になるのだ。
実は〝縦拳〟は、この刀を握った姿をそのまま転化させた形にすぎない。

刀は、構えにおいては握り込まないのが極意とされている。ガシッと握り込んでしまうと動きが不自由になる。これは空手においても同じだ。

構えの時点で拳をガシッと強固に握っておきたくなる人もいるかもしれないが、それはまったく無駄な力みだ。腕が脱力できているほど、突きは重くなる。

当てる瞬間以外は握らない。構えている時から拳を握っている必要はないので開手構えが基本だ。よって、攻撃動作では掌の開閉運動が基本となる。

人体の構造というものは、部分的に見たら意外に単純に考えられる。曲がっている状態の部位ができるのは伸ばす事、開いている部位ができる事は閉じる事だけだ。この2元的な運動をいかに阻害因子なくスムースに行なえるかは、身体全体のパフォーマンスをいかに行なえるかの原点となる。いわばいかに〝柔らかな〟突きが行なえるかの追求だ。

練習方法としては、適度にクッション材を施した柱、壁などに打ち込む。

開手で構え、突き込んで当たる瞬間のみで握り込む。

〝終始開手〟でシャドーを行なって、〝終始拳〟と比べてみれば、後者がいかに動きの上でロスを発生させているかが自覚できるだろう。後は、いかにタイミングよく、当たる瞬間のみ、それもできる限りその瞬間のみで握り込めるかの追求だ。

3 密かに伸びる〝回転順突き〟

本項で紹介する技術は、当流独自のものだろうと思う。第1章でも触れた天心象水流拳法の岩城宗家から教伝を受けた理を応用したものだ。

順突きなのだが、突き込む前に手で体側を添わす

密かに伸びる“回転順突き”

突き手を、体側を添わせ、回転させるように突き込む（写真左列）。広範な身体稼働と連動が生まれ大きな力となるとともに、コンパクトな通常の順突き（写真右列）に比べて伸びが生じる。

回転順突き

普通の順突き

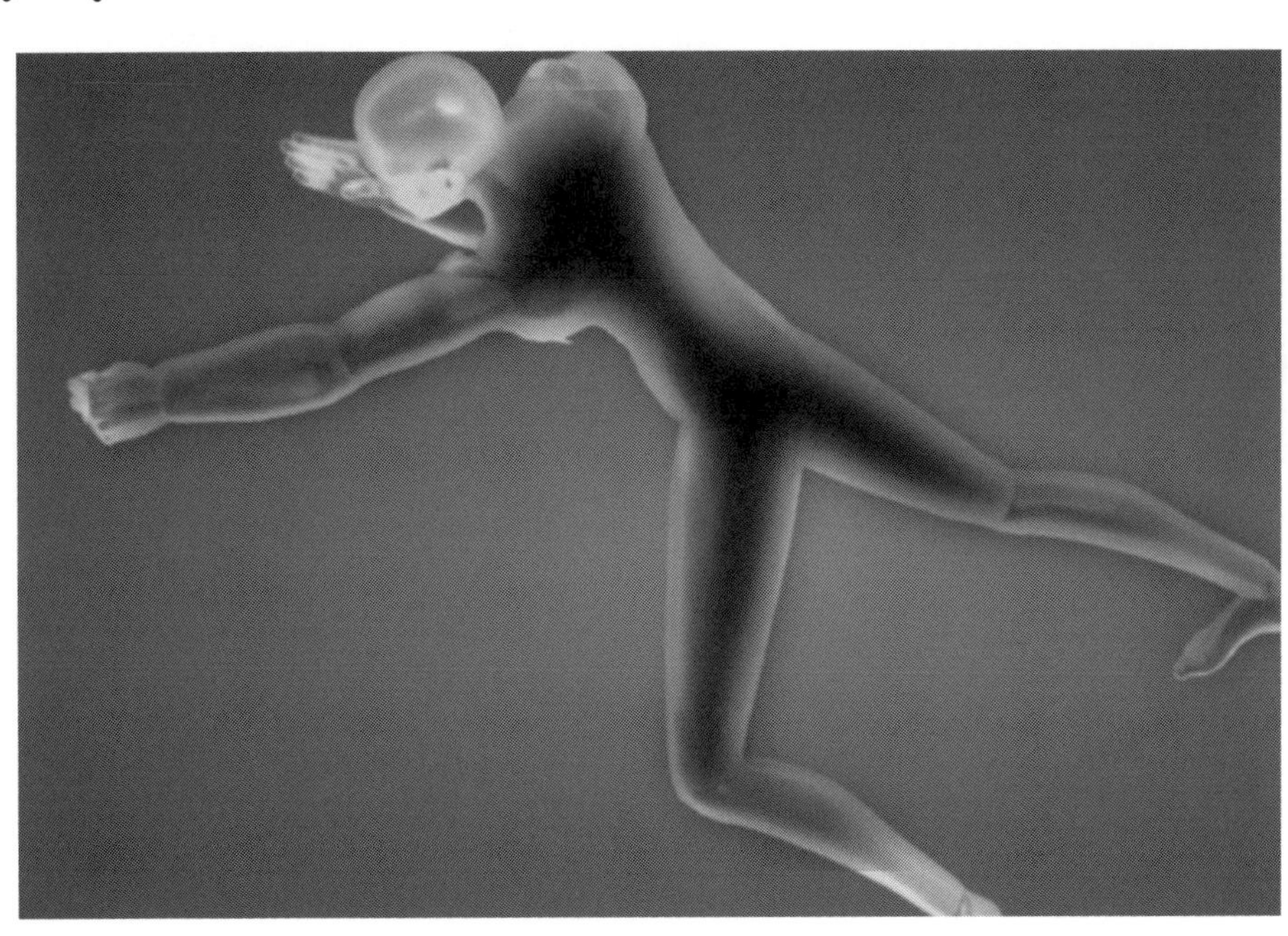

ように回転させる。この動作によって、単に突きこむのとは違った広範の身体稼動と連動が生まれ、大きな力が生み出せるとともに、突きが大きく伸びるようになるのだ。（前ページ左列写真参照）

この動きは、構えの時点から突き込む直前にかけて、十分にリラックスできていないと到底出てこない。つまり、〝柔らかさ〟があれば、現在「これが限界」と思っている動きも、まだまだ変質させ得る可能性があるという事だ。

突きを伸ばすために、例えば肩甲骨の可動性を高めようと考えた事のある方は多いだろうと思う。けれども、仮にピンポイントの処置で肩甲骨の可動性が高まったとしても、突き自体はさほど変わらなかったのではないかと思う。

それよりも、たとえ少しずつでも身体を広範に拡大稼働させる方が、効果的な事もある。

この〝回転順突き〟は動き自体が大きなものなので、稼働範囲も大きなものとなる。普通の順突きと比べてみれば、この動きをしなければ稼働しない部

“回転順突き”でとりやすくなるカウンター

相手の攻撃をバックステップでかわし、すぐさま順突きを入れるカウンター。普通の順突きでは紙一重届かないような浅目の踏み込みでも、伸びる〝回転順突き〟ならば届かせる事ができる。

回転順突き

普通の順突き

立てて固定してもらった杖に、、足は動かさずに杖を振り当てる。腕だけの動きで大した威力は出せないが……

分、というものが自覚できると思う。

もちろんこの動きは小さくしていくとよいと思うが、そもそもこの動作は「突きの予備動作」とは解釈されにくい（読まれにくい）傾向もあるようだ。

この〝回転順突き〟は、相手が攻め込んできた瞬間のカウンターを取るのに好適な技術となる。「突きの予備動作」も見にくければ、その後にくる突きの「伸び」も見えにくい。結果としてカウンターが入りやすくなるのだ。

4 腰を切る事によって生まれる威力

空手において腰の操作は非常に重要だ。無為に手足の末端動作を行なっても大した威力にはならないが（腕力・脚力次第）、腰の切りを入れるだけで、あたかも第1章で掲げた〝水風船〟に捻り潜力を施すような、根本的なパワーアップにつながる。

まずは上掲写真を見ていただきたい。

立てて固定してもらった杖に、ガツンと自分の杖

腰を切りながら振ると、立てた杖が弾け飛ぶほどに威力が倍加する。

を振り当てる。ただしその際まったく踏み込みは行なわない。その場で動かずに振り当てる。

という事だと、どうしても腕だけの操作、腕力頼みになってしまい、大した威力は生み出せない。

そこで次は操作を少し変えてみる。

半身だった体を、当たる瞬間に正面に向けるよう、キュッと瞬間的に腰を切るのだ(最後に瞬間的にキュッと差戻すような操作を〝腰を切る〟と定義する)。

すると、立てた杖が弾け飛ぶほどに、威力がまるで倍加する。

腰を切る回転方向は杖を振る方向とは反対だから、ここで何が起こっているのかは少しわかり難いのだが、まぎれもない〝全身連動〟だ。

〝全身連動〟を「全身を同方向に運動させる」と解釈しがちな所だが、単純にそういう事でないのは本章冒頭で触れた、〝ナンバを活かす身遣いが意外に難しい〟のと同様だ。それよりは〝水風船〟の方が近い。

野球のピッチングにみる“腰の切り”

例えば、野球のピッチング動作をイメージしていただきたい（前ページ図参照）。

野球のピッチングは腕と腰の回転方法が同一に見えるゆえ、腰の回転力がそのまま腕の振りに加算されているように考えがちだが、細かくみていくと実際には違う。

まず、上体より先行して腰が回転する。これは筋肉群としての上体を伸ばす働きをもつ（1図）。これは、次に思い切って縮んで強くボールを射出するためのいわば〝タメ〟だ。続いて、これによって伸びた上体を、今度は一気に縮めようとする。この時、上体は順方向（上からみて左回り）だが、腰は一瞬逆方向へ向かう。この働きが先の杖の例で言うところの腰の切りだ。ただし、ピッチングでは体全体での順方向の動きが大きいため、腰は逆方向の動きとしては現れない。あくまでも働きとして解釈していただきたい。

この操作の結果、あたかも全身が〝ムチ〟のように柔らかく連動して、大きな力を発揮する事ができる。腰の切りは何も空手だけの特有の操作な訳ではない。ただし、これほど鋭利な操法として高めたのは空手くらいだろう。

腰を切る事によって、それまでは稼働していなかった下半身が動き出す。上半身と下半身が同時に一か所にキュッとまとまるように連動する。全身を使うとはこういう事であり、必ずしもダイナミックに大きく動く事ばかりではないのだ。

腰を切る操作を決定付けているのは実は股関節だ。股関節が柔らかくないと、この腰の切りは鋭くできない。

股関節が柔らかい、となると「じゃ、180度開脚目指して！」と考えてしまうかもしれないが、そういう類のものではない。

ここで必要な柔らかさは、「股関節が大きく動く」という事ではなく、「どの方向にもムラなく動く」という事だ。だから極端なストレッチを行なう必要はない。

日本人は運動を〝切り取った形〟でとらえがちな所がある。つまりその瞬間に、体がどちらを向いているか、などといった物理的解釈だ。

そうすると、腰を切る操作を、「骨盤を右に回転させる」ととらえてしまったりする。

ここで重要なのは、身体パーツを位置的にどういう状態にするかではなく、そのパーツをとりまく周辺筋肉群をどう使うかだ。

35ページのピッチングの例で言えば、2図から3図にかけての変化において重要なのは「骨盤の向き」ではなく「上体筋肉群をどうしようと骨盤を働かすか」なのだ。

2図において、骨盤を左回転させようとしたら「上体筋肉群を伸ばそうとする働き」であり、右回転させようとしたら、「上体筋肉群を縮めようとする働き」だ。ここで必要になるのは後者という事になる。これが腰を切るという操作の本質だ。

空手においては、実は要所要所でこの操作が導入されている。型では、さまざまな流派でこの腰を切る操作が顕れているのを目にする事ができる。なぜあのような腰の操作をするのだろう、と疑問に感じる方もいるかもしれない。

とくに空手のような、力を〝集中〟させる必要があるものには必要な操作なのだ。

次ページ写真は、突き動作における〝腰を切る〟操作有無の比較だ。

右手を前に出す動作なので、動き始めはどちらも腰が自然に左方向に回転する。腰を切らないとその流れのまま突きが放たれる事になるが、腰を切ると最後にキュッと腰を逆方向に差戻すような操作が入る。

腰を切らないと突きが回転運動主体の力として放たれるため流れやすいが、腰を切ると、まとまって集中した方向性を持つ力として突きがなせるのだ。

〝腰を切る〟操作と突き

突きにおいて〝腰を切る〟操作を入れるか入れないかの比較。どちらも動き始めは腰が左方向に回転していくが（両列写真1〜2）、左列写真では、突く瞬間にキュッと腰を差し戻す操作（腰を切る）を入れている。腰を切らないと、突きが〝回転運動系〟の力として生成されるため流れやすい（右列写真3）が、腰を切ると相手に力が集中する〝直線系〟の力をもつ威力ある突きとなる（左列写真3）。

腰を切る

1

2

3

腰を切らない

1

2

3

5　蹴りの〝タメ〟

腰を切る操作は、本章冒頭で紹介した「〝タメ〟を作る」と類似とも表裏ともいえる操作で、腰を切る事によって〝タメ〟を作る事もできたり、また、腰を切る事が続く動作の〝タメ〟になっていたりもする。

ここまでは突きだけを扱ってきたが、蹴りを考えた時、その〝タメ〟は、「肩を引く」ようには自由に作れない。限られた範囲の、小さく鋭い骨盤操作に頼る他ないのだ。

以下に「回し蹴り」「前蹴り」２種類の蹴りを、〝タメ〟の作り方を踏まえながら追ってみたい。

◎回し蹴りに作る〝タメ〟

・蹴り足側の腕を上げて上体を伸ばし、次に一気に縮めて蹴りの威力を生むための〝タメ〟を作る。骨盤は蹴り足方向に維持し、結果として上体には斜め方向の伸び（タメ）が形成される。（写真1～2）

・伸ばした上体を一気に縮める事によって逆サイドに腰を回転させつつ、脱力した脚を骨盤の動きに追随させ、当たる瞬間に力を込めて蹴る（写真3）。

・脚をゆるめて下ろすと、また新たな〝タメ〟が形成される（写真4）。

◎前蹴りに作る〝タメ〟

・骨盤を前傾させ、蹴り足側の手を前方に伸ばして上体からの身体前面筋肉群に〝タメ〟を作る。（写真1～2）

・骨盤を起こしつつ身体前面筋肉群を一気に縮める事によって脚を前方に振り出し、当たる瞬間に力を込めて蹴る（写真3）。

・脚をゆるめて下ろすと、また新たな〝タメ〟が生まれている。（写真4）

回し蹴りに作る“タメ”

蹴り足側の腕を上げて上体を伸ばし、骨盤は蹴り足側（右）を向けた状態を維持して斜め方向の〝タメ〟を作る（写真1～2）。上体を一気に縮める事によって逆サイドに腰を回転させつつ、脱力した脚を骨盤の動きに追随させ、当たる瞬間に力を込めて蹴る（写真3）。脚をゆるめて下ろすと、また新たな〝タメ〟が形成される（写真4）。

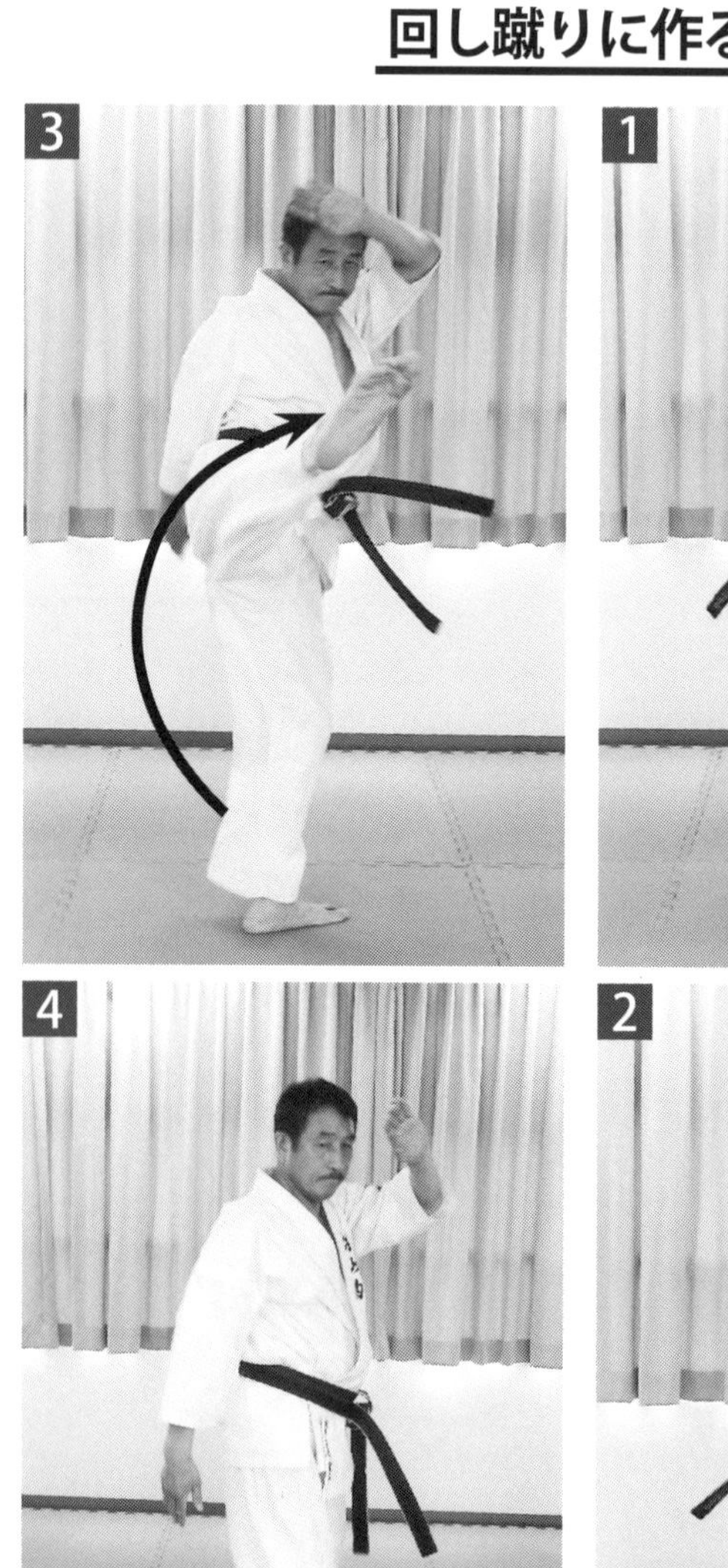

前蹴りに作る“タメ”

骨盤を前傾させ、蹴り足側の手を前方に伸ばして上体からの身体前面筋肉群に〝タメ〟を作る（写真1〜2）。骨盤を起こしつつ身体前面筋肉群を一気に縮める事によって脚を脱力したまま前方に振り出し、当たる瞬間に力を込めて蹴る（写真3）。脚をゆるめて下ろすと、また新たな〝タメ〟が形成される（写真4）。

いずれも骨盤が中心の操作となる。

骨盤を動かそうとするのは、最初は難しく実感が伴わないはず。だから最初はゆっくりとできるだけ大きく動かすよう心がけるといい。

股関節周辺筋肉群や骨盤前面筋肉群（腸骨筋、大腰筋等）が柔らかくなってきたら、小さな動きで効果的な〝タメ〟が作れるようになってくる。

柔らかな受け

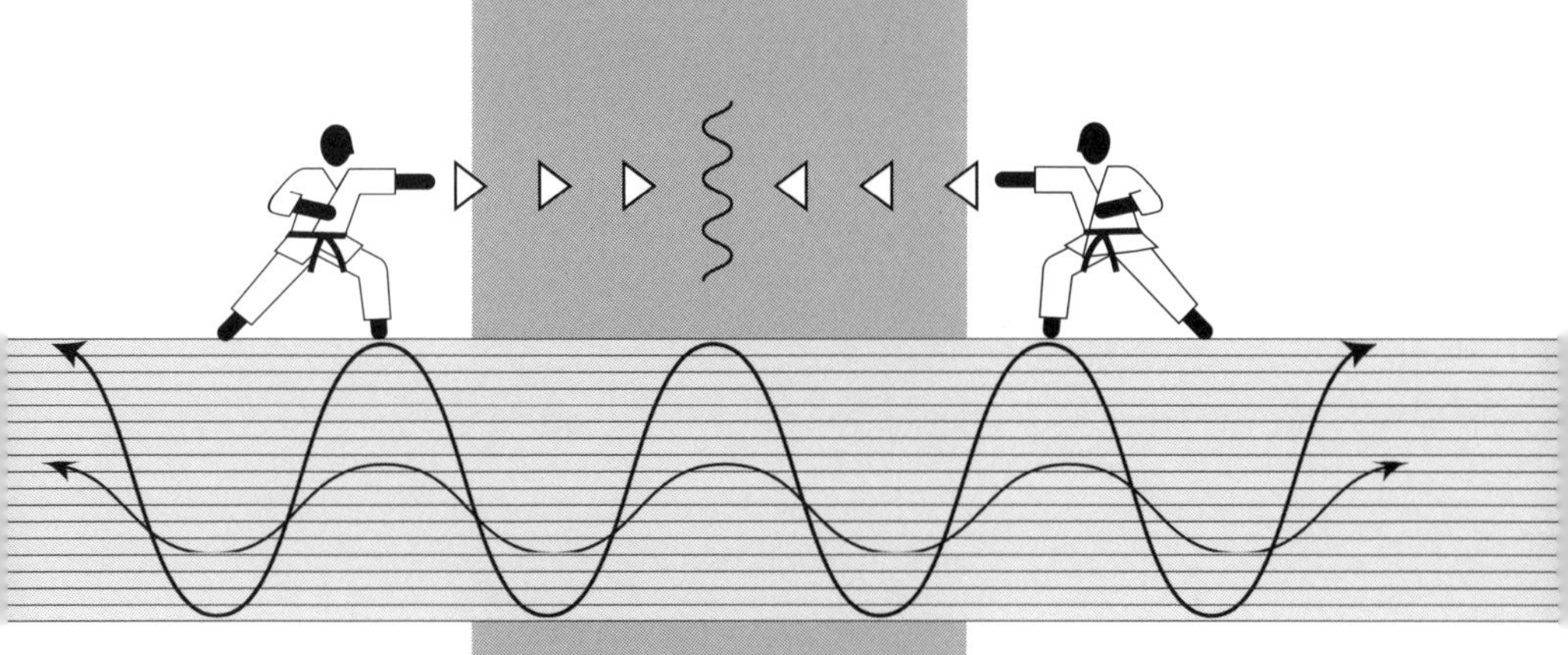

1 受けを格段に高める〝柔らかさ〟

空手において、本当に大切なのは〝受け〟である。言わずもがなではあるが、空手は身を護る事を第一義とするものであり、いくら攻撃力を上げても〝受け〟が稚拙ではどう考えても本末転倒なのだ。試合に勝つ事が目的で空手をやっている人とて、さほど事情は変わらない。攻撃だけを気分よくやり続けさせてくれる相手など、いないのだ。

しかし、大概の空手は入門したらまず〝正拳突き〟といったような攻撃法の基本から学び始めるようにできているのではないだろうか。

一つには安全度の問題もあると思う。受けをし損じればダメージを負うし、程度によっては大怪我もしかねない。攻撃法はいくら下手くそであっても、それで怪我するような事はない。だから安全な攻撃法から学び始める、という理屈もあるだろう。

まあ、何から学び初めてもいいのだが、空手は〝受け〟を蔑ろにしてはならない、という事だけはここで訴えておきたい。

という訳で本章では〝受け〟をテーマにする訳だが、この〝受け〟というものを技術として考えると、これが難しい。攻撃より難しいのではないだろうか。

実際、相手が思いっきり突き込んでくるのを一本でもきちんと受けられるようになったら、それは技術としてはけっこうなレベルなのだ。

受けの技術要素には、スピード、タイミング、角度、力の方向、などさまざまある。それらの要素が適合した瞬間、受けは成立するのだが、ここではそれらの要素以前の、もっと根本的なファクターについて考えてみたいと思う。

これをおさえていれば、受けを成功させる可能性は間違いなく格段に上がる。

それはもちろん〝柔らかさ〟だ。〝柔らかさ〟があるだけで、受けは何百倍もの確率で成功するようになる。

“相手を追わねばならない” 攻撃に比して、“必ず向こうからやってくる” 防御は、考慮せねばならない範囲が格段に狭い。

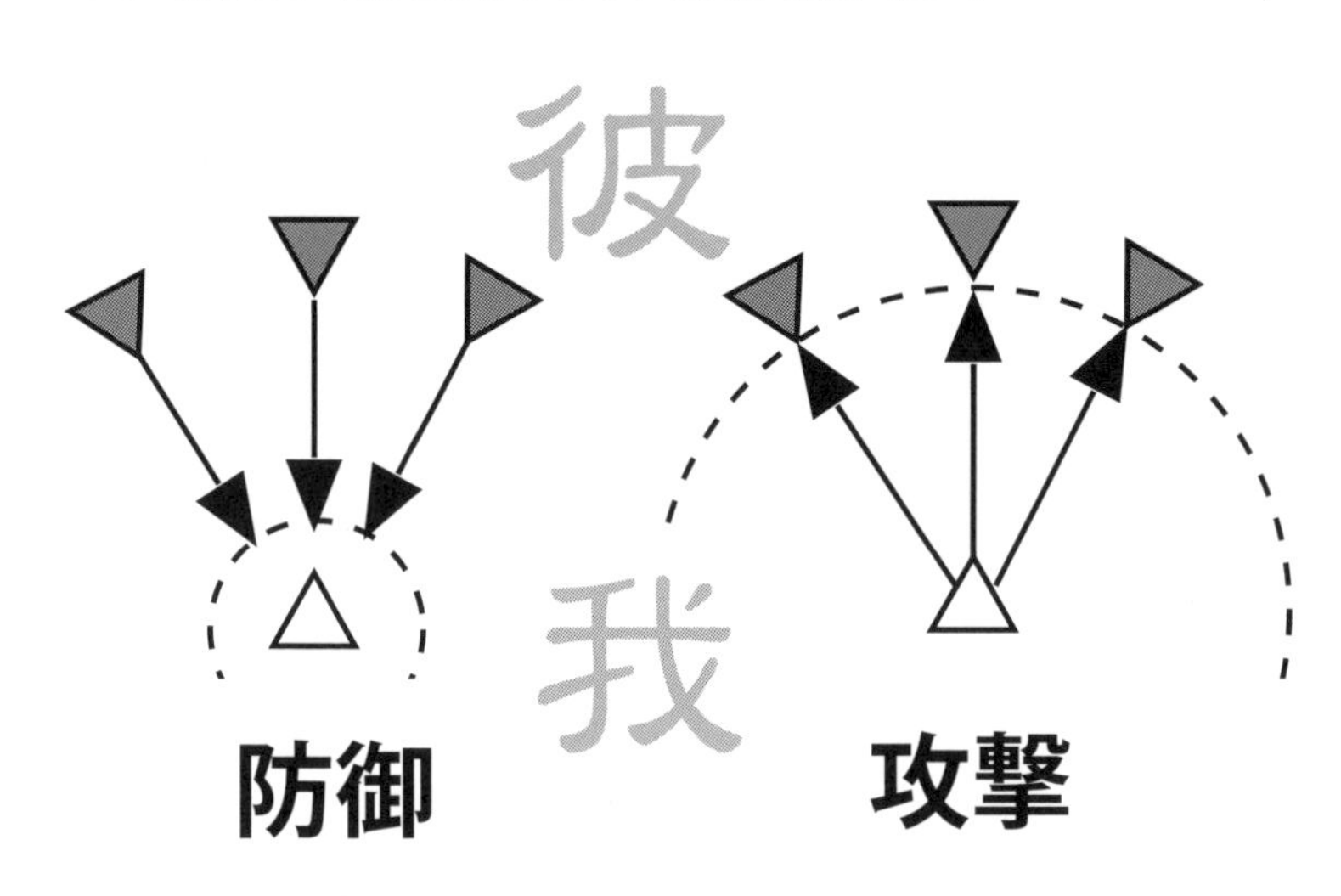

2 最小限の動作

受けは考えようによっては楽な面もある。それは〝追う必要がない〟という事だ。

攻撃ならば相手が素早くかわすようなら、それを上回るスピードなりルートなり方策を工夫して合わせていかなければならない。しかし、受けを考える場合、相手の攻撃は必ず自分に向かってやってくる。待っていれば、必ず向こうからやってきてくれるのだ。

それでも初心のうちは、相手の攻撃を〝追う〟ような事をやってしまいがちになる。恐怖ゆえに、少しで早く叩き落としてしまいたい、そんな心境からかもしれない。しかし、これをやっているうちはまず、勝ち目はない。なぜならば、追ってやっと叩き落とすような一杯一杯の防御では、こちらよりもむしろ余裕のある相手の方が必ず次撃を繰り出してくる。それをまた一杯一杯で叩き落としているようで

内受け逆突き

相手の右突きに対して

顔面への突き込みを、同じ側の手を添えるように合わせる事によって逸らし、同時に逆の手で開いた相手の顔面へ突き込む。受けと攻撃がほぼ同時の最小労力のカウンター。

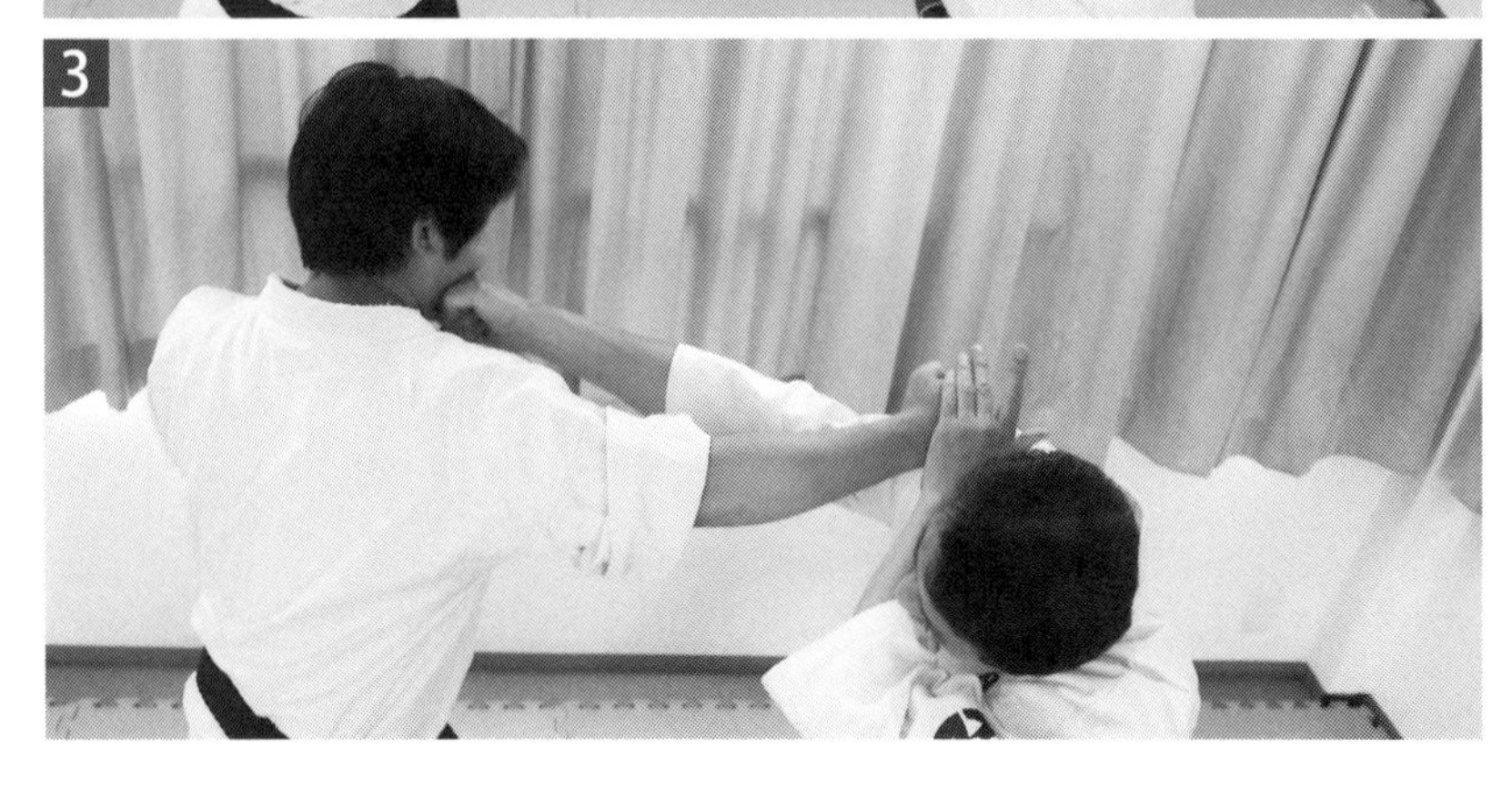

相手の左突きに対して

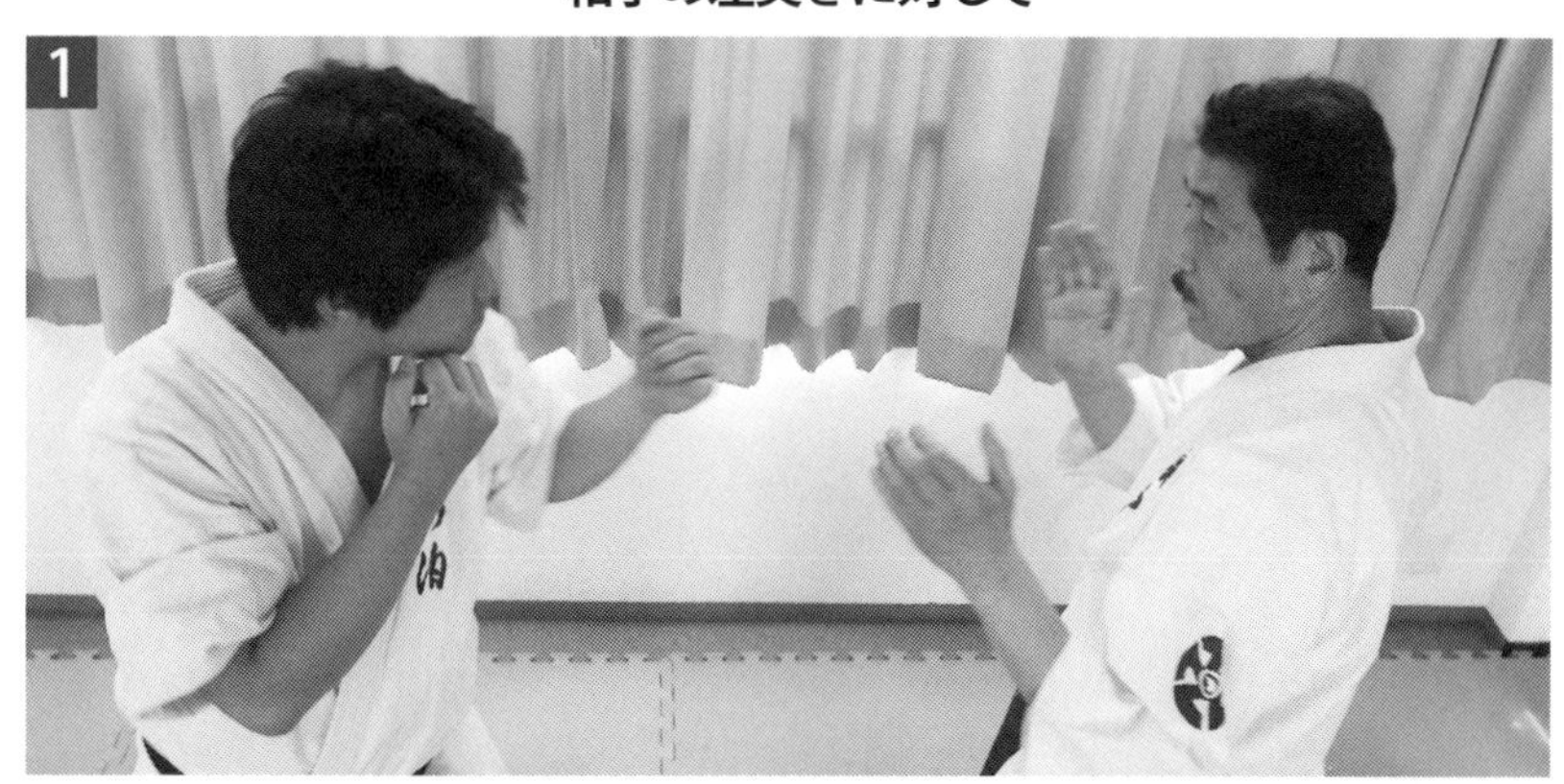

は、致命打を食うのも時間の問題だ。

受けは受けのための受けに終始するものであってはならない。必ずカウンターを狙う。それが大前提だ。そのために必要なのは、〝最小限の動作、最小限の労力で防御を成立させる事〟だ。

46〜47ページの写真は最小限の動作で成立するカウンター〝内受け逆突き〟。

相手が顔面に突き込んできた所へ、同じ側の手を添えるように差し出す事によって逸らしつつ、ほぼ同時に逆側の手で、ちょうど空いた相手の顔面に突き込む、という最小労力のカウンターだ。

相手の強力な突き込みを〝添えるように〟程度の手で防げるのか？　そこがまず心配に思えるかもしれないが、そもそもこの〝内受け逆突き〟は手によって相手の攻撃を逸らす技術ではない。ポイントは逆突き動作にある。

受けと同時に繰り出される逆突き動作を、重心移動や肩を入れて突き込む動きを伴って行なう事によって、体幹が自然に左右へ移動し、相手の攻撃線から外れる事になる。つまり、受けと同時に出されている攻撃動作自体が受け動作を成立させている、つまり受けも攻撃も本当の意味で一体の動きなのだ。

この左右への体幹移動は意図的に行なう必要はない。自然にそうなるはずだ。しかし、空手というと、体幹・体軸を動かさずに、よって頭の位置も動く事なく、腕だけ動いているかのように攻撃動作も防御動作も行なう、そんなイメージがある人も多いのではないだろうか？

それは実は自然な動きではない。体幹、頭を動かさないように意識する事によって生み出される動きなのだ。

この類の動きが身に染み付いてしまっている方は、「動かさないように意識する」という自覚はもはやなくなっているだろう。無自覚な力み・固さが発生してしまっている事になる。自然に動けるための〝柔らかさ〟は本当に大切だ。力みは生じさせてはいけない。とはわかっていても、とくに受けに関

内受け逆突きにおける体幹移動

内受け逆突きの動作を正面から見たところ。逆突き動作にともなう重心移動、肩を入れる突き込み動作にともない、自然に体幹が左右にずれ、攻撃線から外れている。

相手の左突きに対して

相手の右突きに対して

しては怖さもあり、力みがちなものだ。

この〝自然な体幹の左右動〟が出てこない人にはよい練習法がある。それは逆突きを思いっきり振り抜くように行なう移動稽古だ（次ページ写真参照）。

これは、突きの伸び、威力を引き出すための、いわば〝身体開発〟練習だ。

前足のつま先を外に開き、同時に突き手側の肩を引いて〝タメ〟を作る。そこから前足に思い切って重心をかけていきつつ思いっきり〝振り抜く〟突きを行なう。この時、あくまで振り抜いた後の重心移動を受けて次の足を踏み出す事（この踏み出しが早くて腕の振りと踏み出しが同時になってしまうと「追い突き」になってしまう）。

結果として全身がダイナミックに連動した気持ちの良い動きになる。同じフォームでボールを投げても、けっこうな結果になる事だろう。この動きによって、重心移動や腕の振りに伴って生まれる体幹の移動や傾きなどが実感できる。先の〝内受け逆突き〟で出るはずの動きと同じだ。


こと武道においては、このような〝自然に出るはずの動き〟を押さえ込みやすい構造になっているのかもしれない。「〇〇してはならない」というコンプライアンスを無自覚のうちに自分自身にかけてしまってはいないだろうか。それによって真の〝自然な動き〟が阻害されている事も、まま起きているような気がしてならない。


顔面への突き込みは確かに怖い訳だが、先ほど述べたように実は〝必ず自分の顔面に向かってやってくる〟のだから、自分の顔面の前に軽く手を差出せばいい。そこから外れてくる相手の突きは、顔面には当たらないのだから。

ましてや先ほどご説明した、自然に発生する「体幹を相手の攻撃線から逸らせ流れる動き」によって、もはやちょっと添えるような手で、簡単に相手の突きは逸れてくれる。それは、相手の突きのベクトルに、角度を変えて添えるからだ。まともにぶつからせるような防御では、もちろんこうはいかない。そ

“振り抜く逆突き”移動稽古

突きの伸び、威力を思いっきり引き出す事を目的とした、〝自然な動き〟を呼び起こす移動稽古。前足のつま先を外に開くと同時に突き手の肩を引き（写真2および6）、前足に思い切って重心をかけながら、〝振り抜く〟ほどに思いっきり逆突きを放つ（写真2〜3および6〜7）。この時、あくまでも腕の振りが先行し、それに伴う重心移動にしたがって足を踏み出す事（足の踏み出しが早く腕の振りと同時になってしまうと「追い突き」になる）。全身がダイナミックに連動した動きになるが、この時に重心移動や手の操作によって、体幹移動や傾きが自然に発生する。

してここで活きてくるのはもちろん〝柔らかさ〟。恐怖が勝ると、どうしても相手の攻撃を〝弾こう〟としてしまいがちになる。でもそうすると、先ほどの〝追う〟ような受けになってしまう。

そんな必要はないのだ、と心得よう。たとえ紙一重でも自分に当たりさえしなければいい、そこの得心がいった者は、必ず受けが上達する。

最小限に顔前に差し出した手でも、〝弾こう〟という気がどこかにあると、その手がダメージを食ってしまう事もある。

手は脱力している事が望ましい。

慣れないうちは心配だが、突きが脱力手による方が重いように、受けも脱力手の方が重く効かせられる。

そういう手の遣い方ができるようになると、こんな事もできるようになる。

3 受け手自体でカウンター

突き上げるように顔面に迫ってきた相手の突き手に、ただ乗せるように合わせる。これも、弾き落とそうとしなくていい。仮に弾き落とせば、仕切り直した相手が再攻撃にくる。弾かずキープしていた方がはるかに得策なのだ。

ただ乗せるような合わせ方で、相手の突きは十分逸れてくれる。その乗せ手は相手顔面に向かっている。そのまま捻りを加えながら自然に腕を伸ばせば、最速のカウンター〝合わせ順突き〟になるのだ。

一見奇跡のような達人技のようにも映るが、そんな事はない。追わずに最小限動作で眼前で合わせる受け手は、必ず遠からず相手をとらえている。ポイントは〝最小限動作〟だ

4 万能の〝雙手(もろて)受け〟

ここまで述べてきた〝最小範囲〟〝最小動作〟の防御理論を応用して、従来の空手にはない受けの形を編み出す事ができた。これは簡単でかつ効果的な

受け手自体がカウンターになる“合わせ順突き”

顔面へ突き上げてきた相手の腕に、上からただ乗せるように合わせる。そのまま捻りを加えながら自然に伸ばすだけで相手の顔面へ突き込むカウンターとなる。相手の突き手を弾き落とそうとしないのがポイント。腕を捻るような操作を入れる事によって、相手の腕を滑るように、顔面へ突き込ませる事ができる。

雙（もろ）手（て）受け

両手を伸ばし、顔前で両掌が縦になるように合わせ、両腕で三角形を作る。これだけでストレート系もフック系も必ず逸らす事ができる防御形になる。

対フック系

対ストレート系

相手の上段攻撃に対して雙手受けをした瞬間、間髪入れずに中段前蹴りを入れる。上段に意識を引き寄せやすく、相手は中段に隙ができやすい構造になっている。

ので護身用にぜひ心得ていただきたいし、組手試合等にも十分通用する優れモノだ。

これを〝雙手（もろて）受け〟と名付けた。

動作としては、ほんの一瞬だ。両手を伸ばして顔前で合わせ、二本の腕で三角形を作る（54ページ写真参照）。

これで、相手の攻撃はストレート系もフック系も必ず逸れていく形になる。

掌は必ず縦にして合わせる事。これによって両肘が下を向き、構造的に強い腕の状態を作る事ができる。これは第2章でご紹介した〝縦拳〟の理論と同様だ。

両手を防御様にかざすので攻撃味をあまり含んでいない、防戦一方の技術のように思えるかもしれないが、そこはある意味ワナで、常にカウンターを狙っているのは〝雙手受け〟も例外ではない。

例えば、〝雙手受け〟に構えられたら相手はこの防戦一方に見える構えをなんとか突破しようとしてくる。そんな風に上段に意識が固定された瞬間、中段前蹴りがちょうど入りやすくなる格好になっている。

また、そもそもこの〝雙手受け〟は単なるガードではなく、受け流す事によって相手を誘導し、カウンターを狙うものだ。

ガチッとガードするのでなく、柔らかく流し、間髪入れぬカウンターを狙う。そのためには、ポジション取りや、歩法を用いた〝捌き〟の技術が必要になってくる。

次章では、それらについて解説したいと思う。

柔らかな捌き

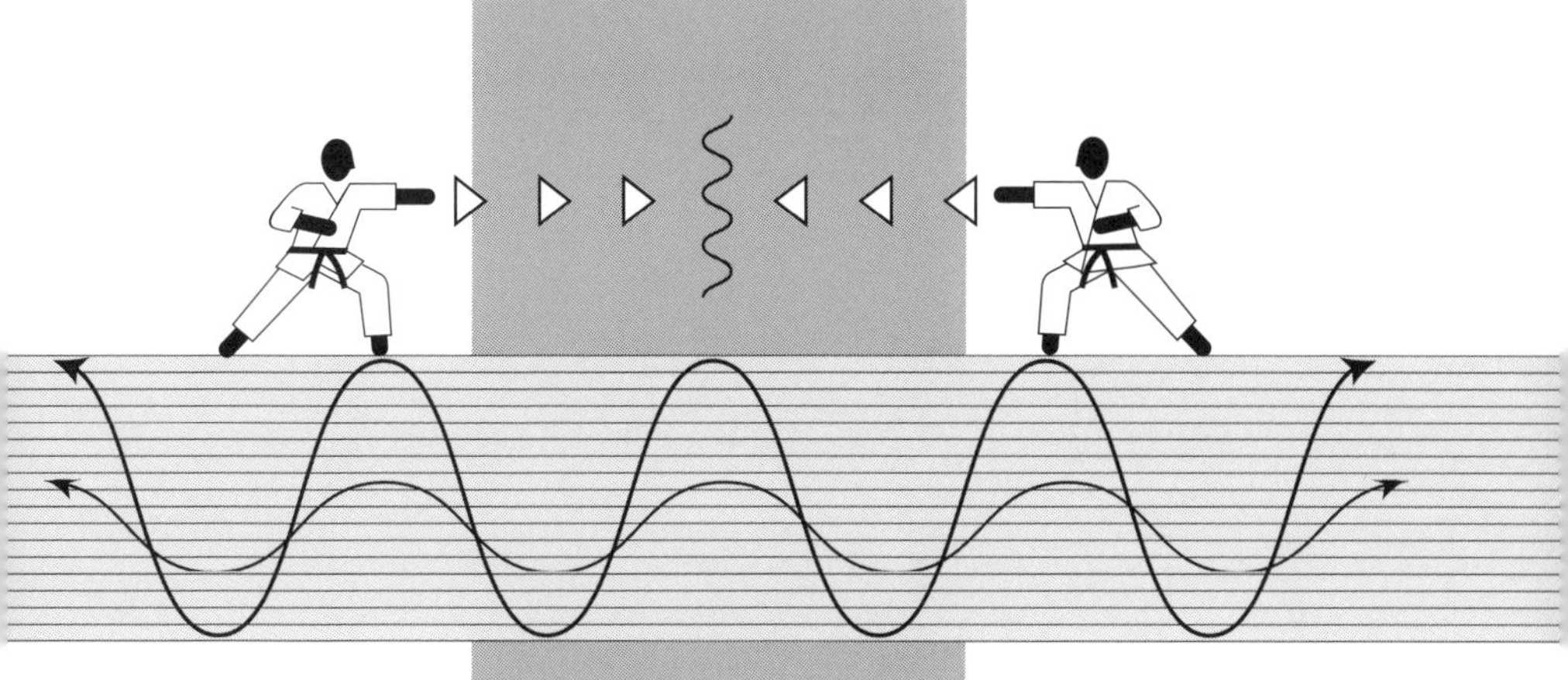

1 結局すべてを決める〝ポジショニング〟

次ページの写真は、前章で紹介した雙手受けからのカウンター技法だ。

雙手受けは重ねた掌を少し傾けるだけで脇へ流す事ができる〝柔らかい〟受けとなる。ここでは相手の右突きを右に流す事で容易に裏のポジションを取っている。相手の右手の突きは自分の右へ、相手の左手の突きは自分の左へ流すのが優位ポジションをとる基本で、この原理は前章で紹介した内受け逆突き（46ページ参照）とも共通する。

ポジションを取った上で、ちょうどガラ空きになった相手のボディに回し蹴りを入れている。この体勢は相手の突きを右に流した時点で予期できる状況とも言える。よって、上段突きを右に流して右中段回し蹴り〜はパターン化してしまっても使えそうだが、そこにはある種の危険もつきまとう。それは、実戦はほんのわずかな間合いの違い、ポジショニングの変化でまったく違った状況になってしまうからだ、

次ページ写真の例で、相手の突きを流した瞬間（写真2）、ほんの一歩分間合いが近かったら、それはもう回し蹴りが有効な状況とは言えないだろう。

第2章で紹介した回転順突きは通常の順突きよりも伸びるからいつでも相手に当てられるのだろうか？　否、実戦の間合いは千差万別であり、相手の動きいかんで全然変わってくる。伸びのある、威力ある攻撃法をいくらマスターしても、また、稽古で決められた形がいくらうまくできるようになっても、実戦でそのままできるとは限らない。ここの所も〝柔らかさ〟が必要とされるところだろう。つまり、その場その場の状況に臨機応変に対応できる〝柔らかさ〟だ。それこそが実戦力だと言ってもいいかもしれない。

結局、強力な突きや伸びる突きを会得しても、それを当てられるか否かはポジション取り次第となる。そしてポジション取りを決定するのが歩法だ。

雙手受けからのカウンター

相手の上段突きをとらえる雙手受けの両掌を傾ける事によって右方向へ流す。右突きによって必然的に空いたボディに回し蹴りを入れる。

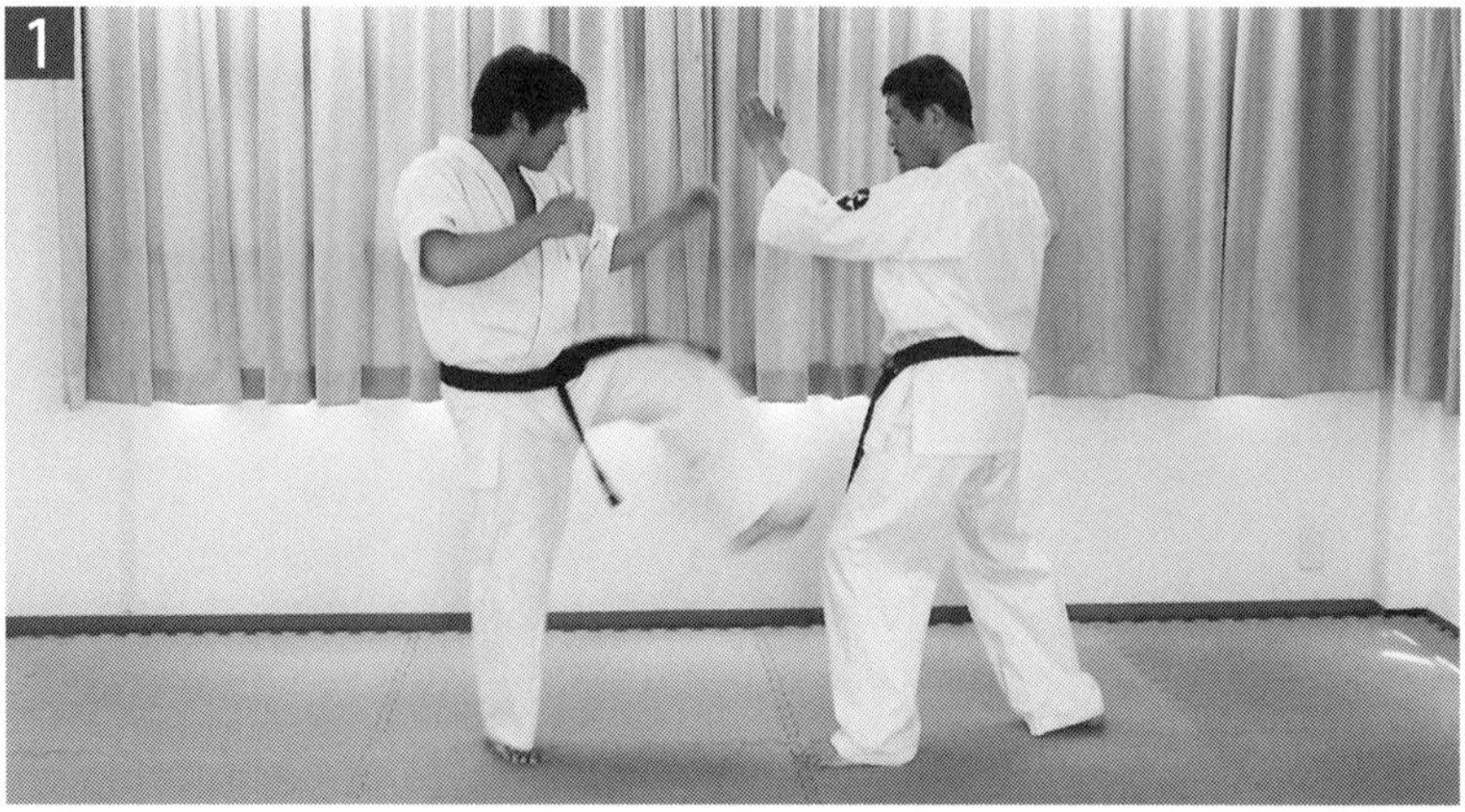

相手の左前蹴りに対し、〝裏〟をとるべく、右方向に入る（写真1〜2）。その際、左足から動くのがポイント。この歩法は本来〝自然〟でもあるのだが、意外に自然には出てこない。

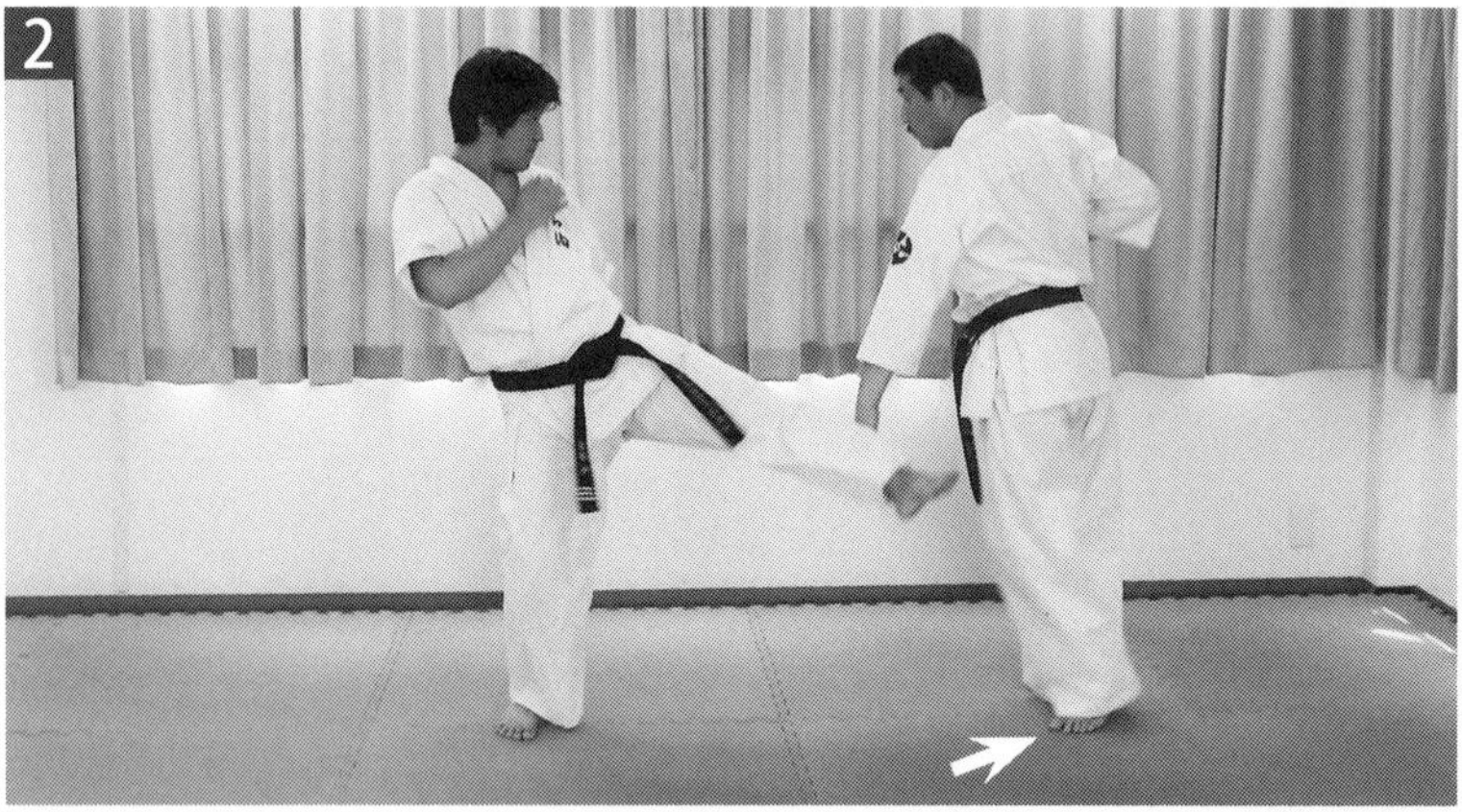

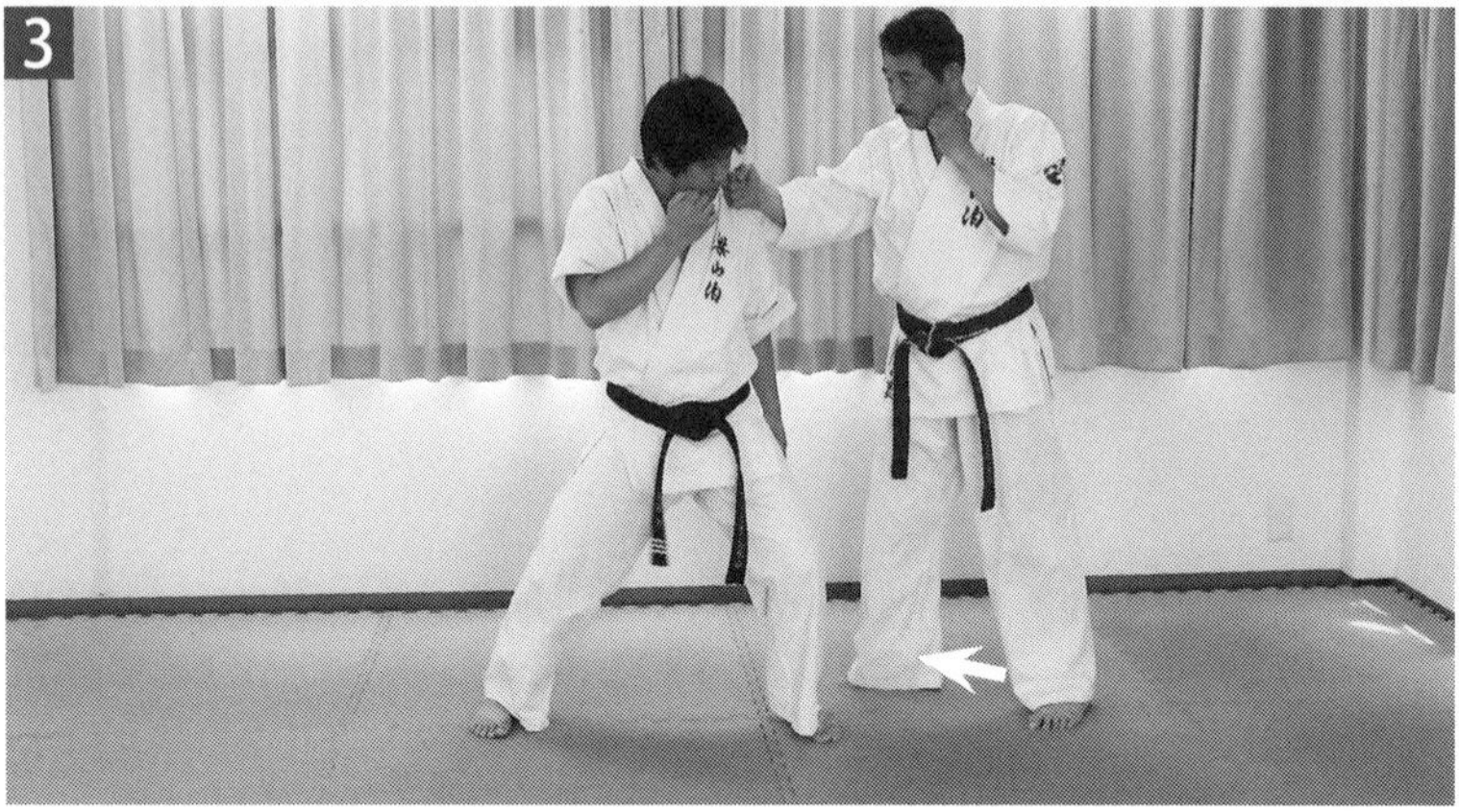

攻撃をとっさに右方向へかわそうとする時、やりがちなのが右足から動かし始めるステップ。これはこれで問題はないようにも思えるが……

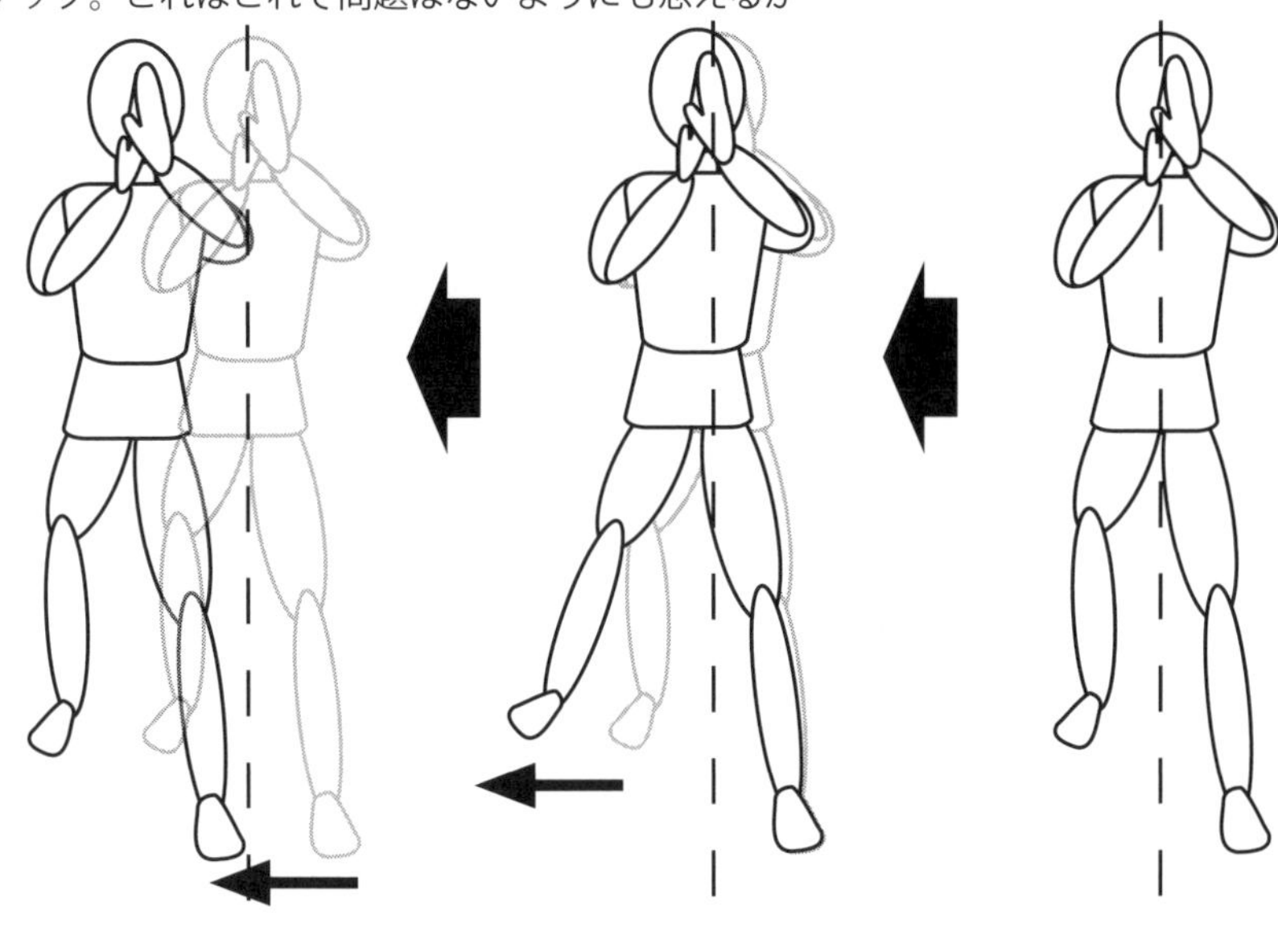

つまりいかに移動するかだ、

前ページの写真は、相手の左中段前蹴りに対して下段払いをしながら右方向に入身してカウンターを取る技法例だ。

注目していただきたいのは足の運び方。

右へ出るために左足から動かしているのだが、ぜひ、自然に一度試してほしい。右足から動かしたくなる方が大半なのではないかと思う。

立っている状態からとっさに右あるいは左、同様に前あるいは後ろへ移動せねばならないという時、大体の方は移動したい方向に近い足から動かし始めようとする。しかしそれだと遅く、かつ動き始めの体幹移動量も少ない。すなわち、即座に体幹を移動させられるのは、移動したい方向から遠い方の足から動き始める足運びの方だ。

この足運びは、修練を重ねないとなかなか実戦で出てこない。というのも、人は危急の場面ではどうしても動きたい側の身体に意識がいってしまいがちなためだ。

足運びによる体移動の違い（右斜め後方に下がる動き）

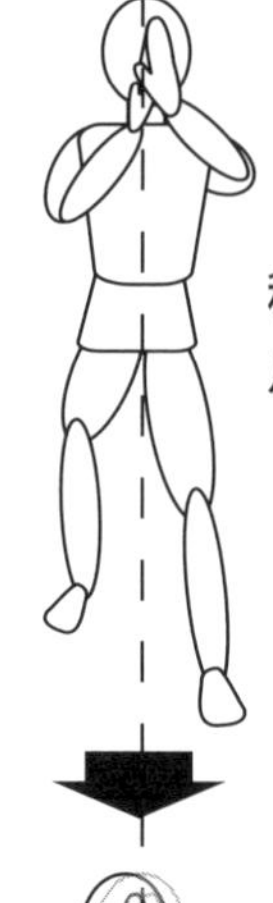

移動する方向より遠い側の足から

足が接近しているが、ここからさらに外（前後左右）に自由に動ける状態。動き始めの体幹の左右移動量は、〝移動する方向側の足から踏み出た場合〟よりも大きい。

移動する方向側の足から

足が開いてしまってそこからさらに外（前後左右）には足が継げない状態。よって前足を引き寄せる他ない、いわゆる〝居着いた〟状態。

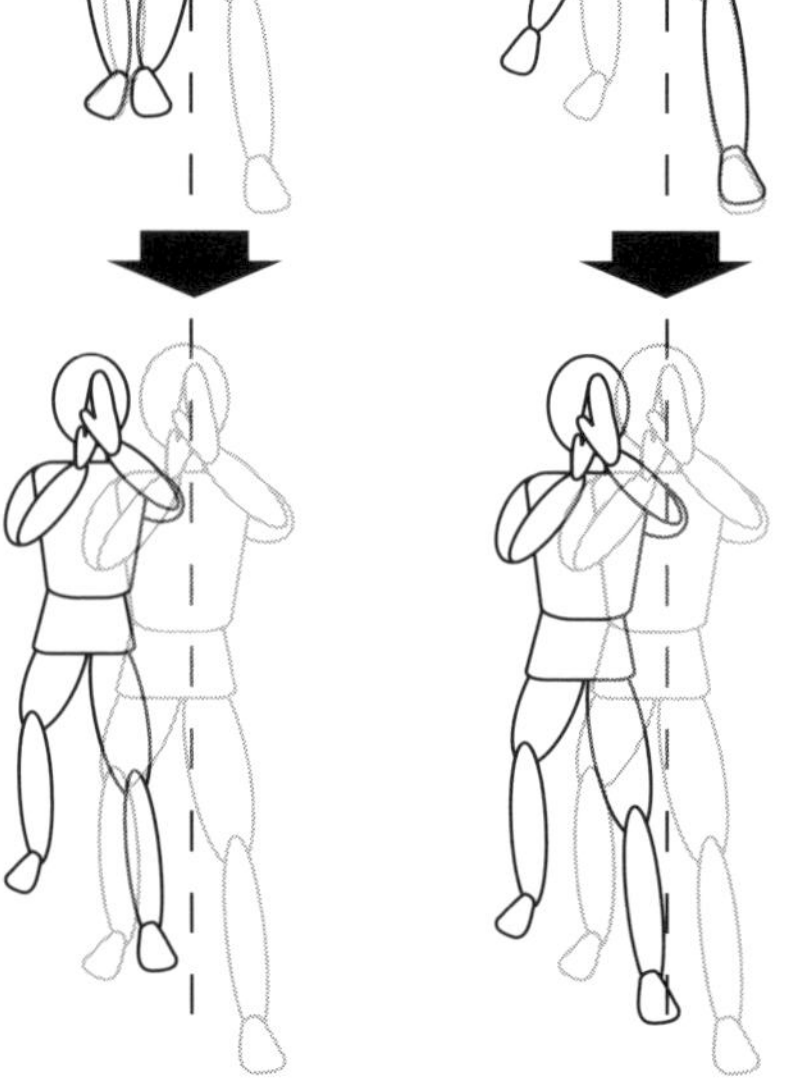

動きたい側の足から動き始める足運びにはもう一つ難がある。それは、一歩目を動かした瞬間、足が開き、次には逆足を引き寄せるしかない不自由な体勢、つまり居着いた状態になってしまう、という事だ。遠い足から動き始める足運びは、一歩目は両足が接近した状態になるが、そこからいかようにも踏み出せる体勢だ。すなわち居着いていない。武術においては居着く瞬間が発生してしまうのは致命的だ。

遠い方の足から動き始めるステップは「修練を重ねないとなかなか実戦で出てこない」と記したが、別に普通にはできない高度な操法、という訳ではない。むしろ実は本来はきわめて自然な動きなのだ。

例えば、日常行なっている一般的な歩行を考える。次ページの図のように、前に進むためには後ろ足を引き寄せて前に送る、というのが基本操作だ。前足を先に出して足が開いてしまうような状態を一瞬たりとも作ったりはしない。

自然で合理的な動きが、どんな時でも出てくる、というのが理想だろう。冒頭に記した「その場その場の状況に臨機応変に対応できる〝柔らかさ〟」とは、〝いちいち違う選択肢が出てくる〟のでなく、〝どんな時でも本来の合理が出てくる〟事だと思う。

しかし人間というものはとっさの意識発動や力み、偏った身体操作が得てして発生してしまうものだ。何より怖いのは、武術の修練の中でそれが出て、さして誤りだとも思えないまま繰り返され、すっかり定着してしまう事だ。

武術の修練においては、後天的に身についてしまった〝クセ〟、あるいは合理的でないのにやり続けてしまっている動きを削ぎ落としていく事が大事だと思う。もしかしたら、武術の上達とはどんどん新たな高度な技術を付け足していくもの、というようなな成長を思い浮かべている方もいるかもしれないが、実は逆だ。だから、ある意味簡単な事でもある。

人間離れした〝固さ〟を手に入れるのには長い修練が必要だが、人間本来の〝柔らかさ〟を取り戻すのは簡単だ。ぜひそんな風に考えて稽古してみてほ

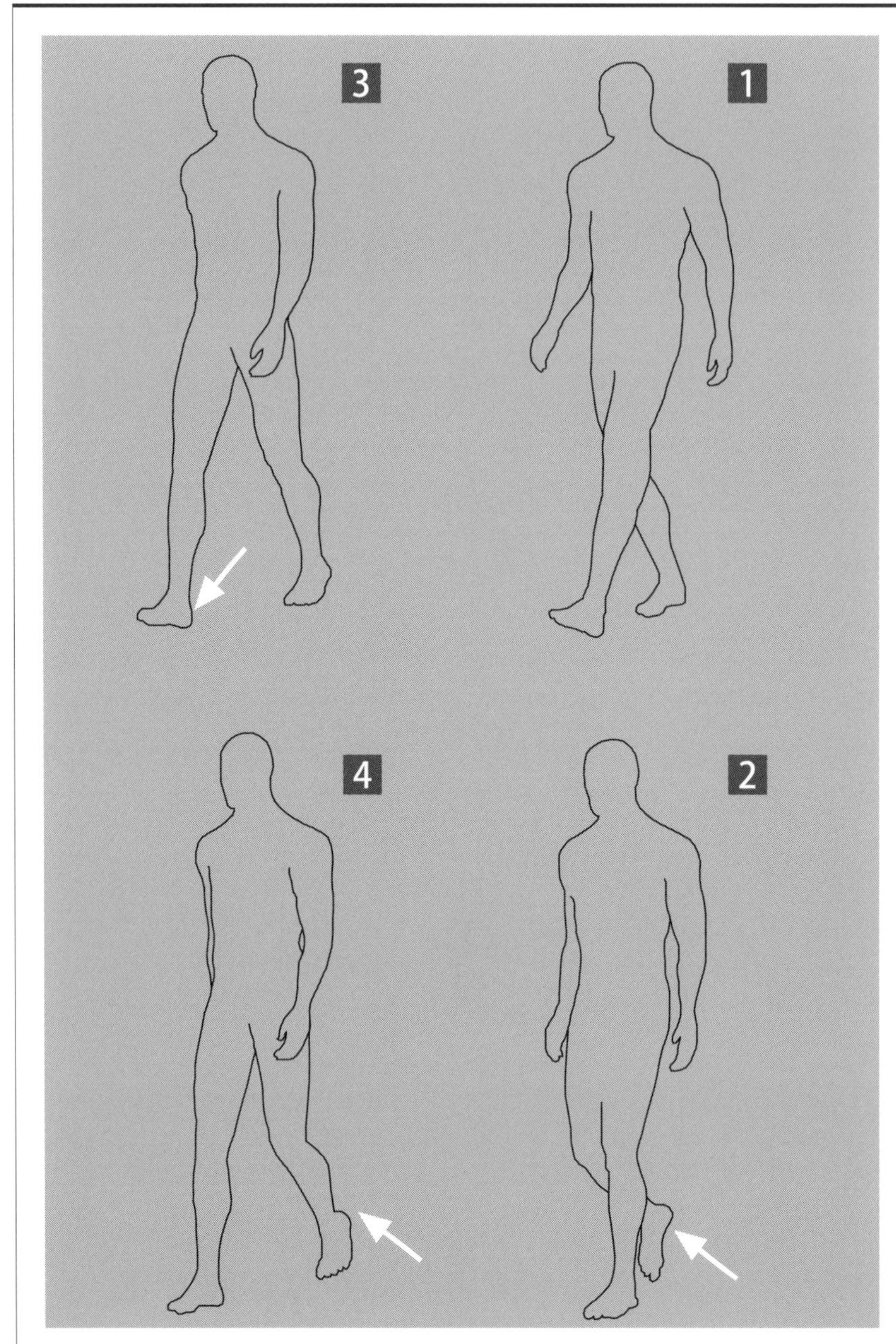

誰もが行なう通常歩行においても、「移動したい方向（前）から遠い方（後ろ）の足から動き始める」操作が行なわれている。

しい。

2 基本ステップワーク練習法

「移動したい方向から遠い方の足から動き始める」という原則をまずしっかり身に浸透させる練習法をご紹介したい。(66〜69ページ写真参照)

まずは単純に前後移動の繰り返しから。前に出るためには、後ろ足から動かし、下がるためには前足から引き始める。とくにこの下がる動きは、相手の回し蹴りをかわすなどの場面で現れがちだが、そんなシチュエーションで実際に比べてみると、前足から先に引くステップの方が得策である事が実感できるだろうと思う。

続いて左右。右へ行くには左足から動かし始め、左へ行くには右足から動かし始める。

スムースにできるようになったら、この前後左右を組み合わせて、四角や〝∞〟様に動いてみる。「右へ行くから左足から動かし始めなきゃ」などといちいち考え考えステップを決めているようでは、とてもスムースに〝∞〟様に動く事などできない。

通常歩行を行なうのに「前に行きたいから後ろ足から動かし始めなきゃ」などと頭で考えなければ動けない人などいない。

考える事なく自然にできるようになったら、実戦においても自然に出てくるようになる。

3 〝最速〟ステップ

66〜69ページにご紹介した基本のステップワークでは、わかりやすくするため足が交差する状態を設けているが、実戦的に、より速くより危険のないステップワークを考える場合、足は交差する瞬間がない、より細かい足運びが望ましい。

大股ステップはどうしても隙が生じやすくなるし、変化性に欠ける難点も出やすい。それでも実戦においては瞬間的に〝最速〟が必要になる場面が多々ある(もちろん〝居着き〟を犠牲にせずに)。

基本ステップワーク　練習法①（前後）

後ろ足から前に出て、ワンツー。前足から後ろに下がって、ワンツー。

基本ステップワーク　練習法②（左右）

右足から左に移動して、ワンツー。左足から右に移動して、ワンツー。

(∞字様＝前後左右の組み合わせ)

前後と左右を組み合わせて。"∞" の字に進む。

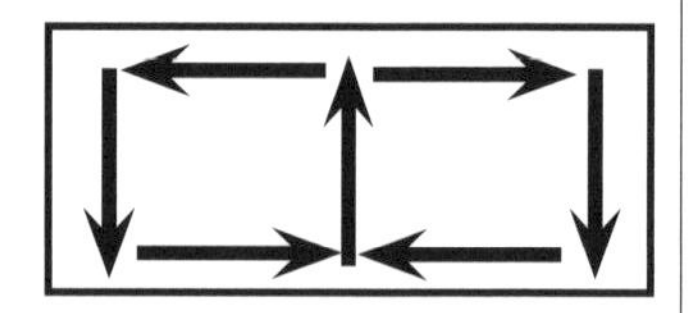

基本ステップワーク　練習法③

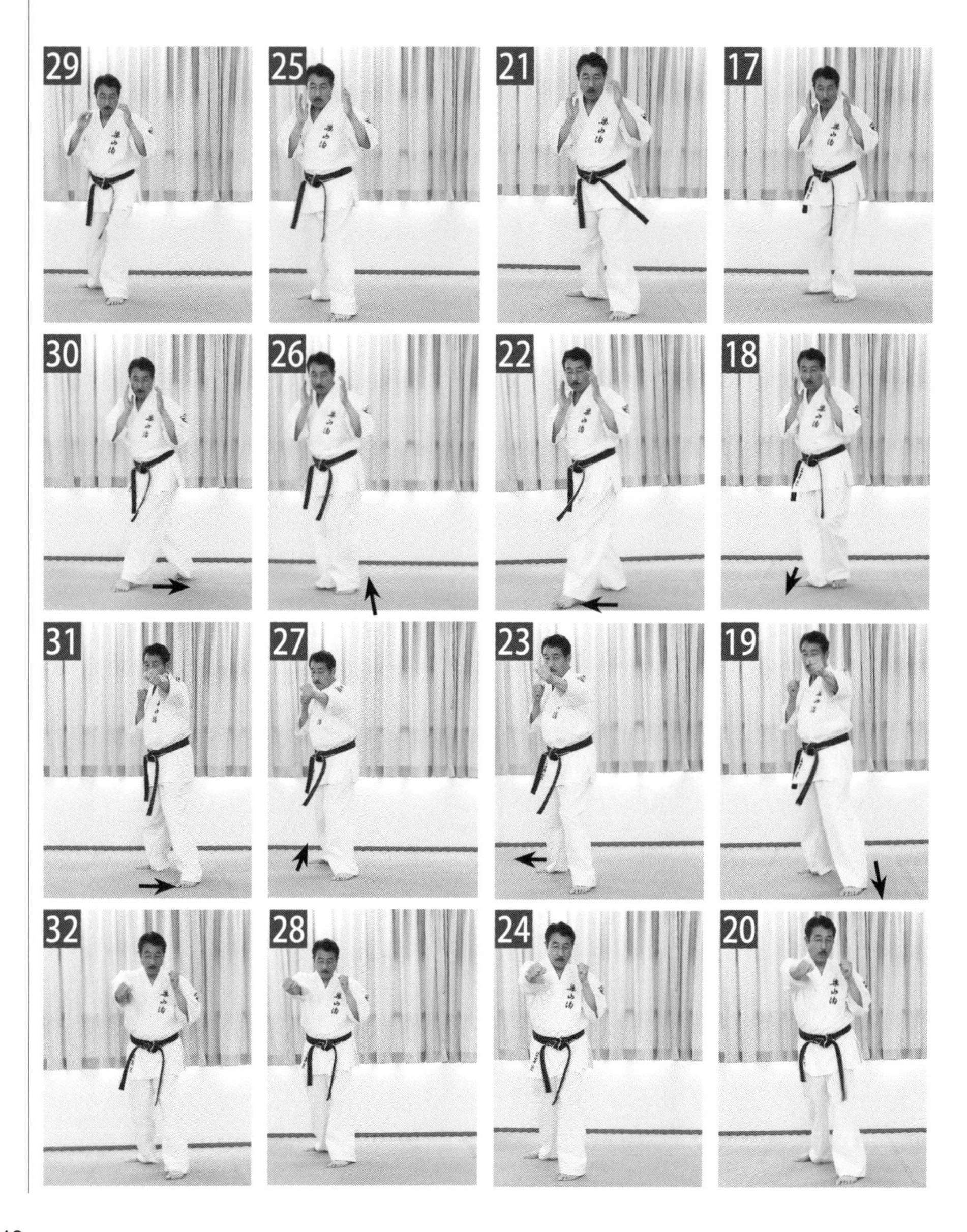

〝最速〟を実現する練習方法は以下の通り（71ページ写真参照）。

前に出る場合には、まず後ろ足を前方向に引きつける。この際に、前足にぶつけるようにする。前足は脱力して、慣性で自然に前にスッと出す。

前に速く出たければ、後ろ足の引きつけを速くし、後ろに速く下がりたければ、前足の引きを速くする、これはこの〝最速〟ステップのプロセスから浮かび上がる、歩法の実戦的真理の一つだ。

急いで移動しようとして、後先考えず近い足を出そうとしてしまうのは、いわば〝焦り足〟だ。けれども、焦ってよい結果に結びつく事などない。

このステップの練習は、〝最速〟を実現するものが遠い足から運んでいく事なのだと確かに実感させてくれる。それは、ある意味〝心のゆとり〟にもつながる。部分的なその場しのぎの動きは決して〝柔らかい〟ものとはならないのだ。

4 〝零の歩み〟～〝三の歩み〟

60ページであげた、相手の前蹴りを捌きつつ裏へ入りカウンターを入れる動きの中で行なっている足運びは〝零の歩み〟と呼んでいるものだ。〝零の歩み〟から〝三の歩み〟まであるが、これらは岩城宗家から教わった技術で、きわめて実戦性が高いので空手に取り入れさせていただいている。

これらはどれも「移動したい方向から遠い方の足から動き始める」という原則に添っている。

60ページの相手前蹴りを捌いてカウンターを入れる例は、蹴り足を腕で固く弾こうとしてもなかなかパワー負けしがちでかなわない。零の歩みを使う事によって柔らかく捌く事が可能になる。そして、柔らかく捌くにはステップワークが不可欠になる。

〝零の歩み〟～〝三の歩み〟が身につくと、相手の攻撃に対してスルリとまとわりつくような捌きが可能になる。そのための足運びが、この4つの歩法

“最速”ステップ練習法

前に出る際に、後ろ足を強く前方に引きつけて前足にぶつけるようにする。前足は脱力して慣性で自然にスッと前に出す。〝前に速く出たければ、後ろ足の引きつけを速く〟、〝後ろに速く下がりたければ前足の引きを速く〟。

零の歩み

前足を引きつけ、反対足を間髪入れず前に出す。"V"字状の足運びとなり、相手の攻撃に対し裏のポジションをとるのに有効なステップ。

1

2

3

1

2

3

一の歩み

前足を捻りつつ真横にスライドさせて、すかさず反対足を前に踏み出し、逆サイドの半身となるステップ。前足をスライドさせる操作に難しさがある。

二の歩み

後ろ足を前足の外に踏み出し、すかさず前足を踏み出して半身様に進み出るステップ。相手の攻撃に対し、かわしつつ瞬時に裏をとる事ができる、自然で実戦力の高いステップ。

1

2

3

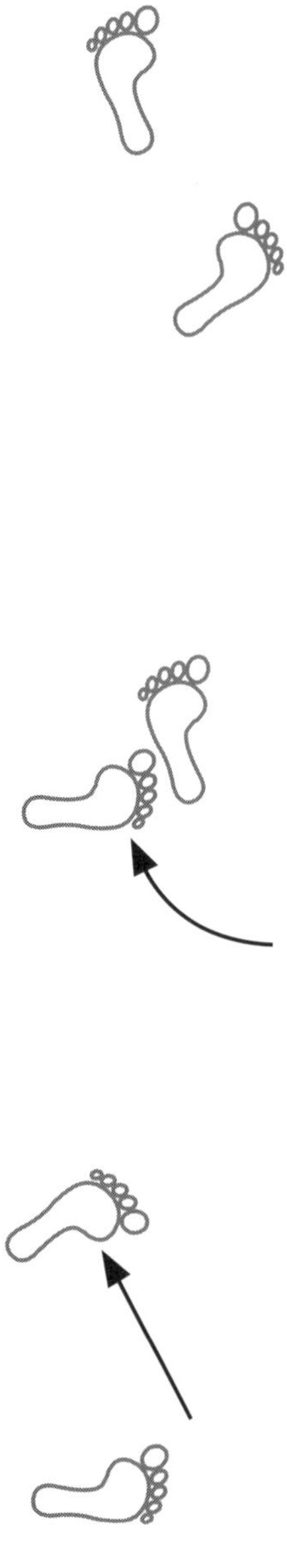

1

2

3

三の歩み

前足を引きつけ、後ろ足を前足の外に送りつつ前足を踏み出して半身様になるステップ。相手の攻撃を引きかわしてから入り身、あるいは回りこむような動きになる。

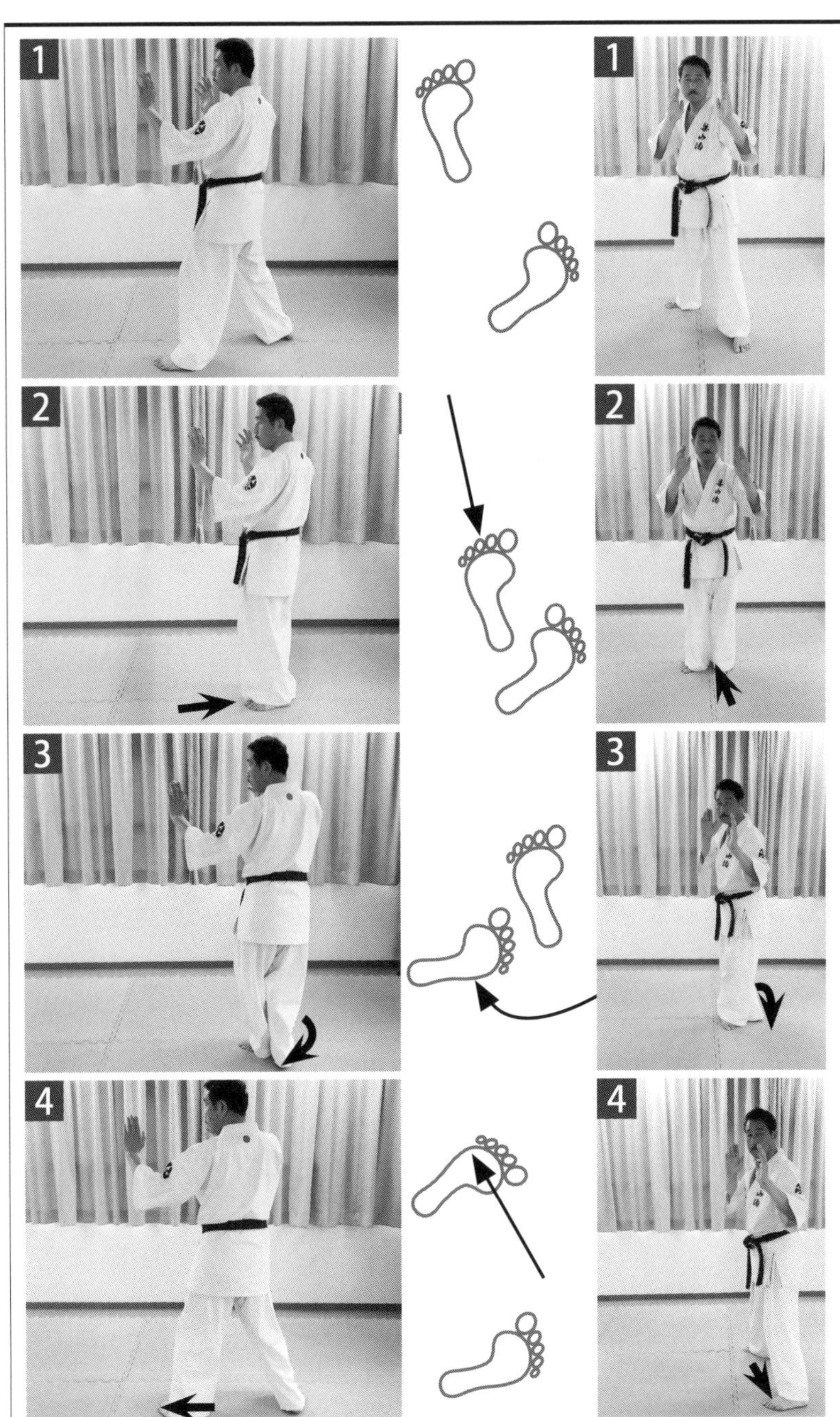

“二の歩み”を用いた実戦例

相手の突きに対し、すかさず裏のポジションを得ているのが〝二の歩み〟（写真1〜3）。見逃してしまいそうなほど何気ないステップながら、突き手を滑らせる〝合わせ順突き〟（53ページ参照）も、続く連続攻撃も、すべて〝二の歩み〟で瞬時に優位ポジションを得てしまっているゆえの事。

だ。ポイントは、最初の1歩で間合いを切るなり、相手の攻撃線をはずすなりができている事だ。

5 攻撃線をはずし続ける〜〝風手〟

相手の攻撃に対する捌きの理想は、必要最小限である事だ。しかし現実的にそうもいかないのは、自分の身捌きが足りなくて攻撃を食らってしまう怖れが常につきまとうからだ。つまり、保険をかけておくかのごとく、ステップが大きめになる。相手が強いほど、そうなってしまう。

しかし、実際はほんの一歩、体を移動させるだけで相手の攻撃は無効化できるのだ。つまり、実戦において必要なのは大きく素早く動く事よりも、小さく、確実に攻撃線をはずす事だ。

カウンターは防御動を最小限におさえてこそ成功しやすくなる。

歩法に特化した練習を行なう際には、相手の攻撃線を意識して行なうのも効果的だ。

78ページの写真は、〝風手(ふうしゅ)〟と呼んでいる稽古法で、相手の攻撃線を外す動きを旨としている。

一歩一歩はほんの小さな歩みだ。しかしそれでいて、最初の一歩で確実に相手の攻撃線を外す。そこにまた新たな攻撃線が向かってくると想定し、それをまた最小限の身捌きでかわす。

このように、延々と攻撃線をかわし続ける、いわばイメージトレーニングだ。

実際の攻撃線をイメージして、手捌きを交えながらほんの1、2歩程度の最小限動作範囲でかわし続けていく。

6 力の感得と〝円転手〟

相手の攻撃は固く弾くのではなく、柔らかく受けるのは前章で触れた通りだが、それは単に手を脱力していればよいというものではない。外力条件によらずただ単に脱力した手は、単純に弱い手であり、突破されるだけだ。

“風手”～攻撃線をかわし続ける

一つの型として行なう一人稽古。随時新たに現れる相手の攻撃線を最小限の動作で外し続ける。攻撃線をイメージしながら行なうと、それをかわすにはほんの一歩ですむ事がわかる。

相手の力を瞬時に感得し、それと正面からケンカしないように誘導するのだ。これがあって初めて柔らかい受けとなる。

その感覚を養うために行なっているのが「円転手(えんてんしゅ)」。中国武術で行なわれる推手によく似た形の対人稽古だ。

次ページ写真のように、手を接触させた形で前足に体重をかける前屈立ち〜後ろ足に体重をかける後屈立ち〜を繰り返しながら回転往復運動させる。その運動は、力の均衡を保ったまま行なう。

その動きの中で、相手に崩しを仕掛ける。

うまく自分の中心をとらえられて押し込まれれば崩されてしまう。かと言って、力で対抗するように対処しようとしても、相手に先手をとられている以上、多くの場合はかなわない。

しかし、実はこれも今までの話と同様、逸らせばいいだけだ。わずかな体回転か前足⇕後ろ足の重心移動、もしくはその併用によって、相手の力は実は簡単に逸らす事ができる。それはやっているうちにだんだん体得されてくる。大きな問題は、相手の力の質、方向を瞬時に感得できるかだ。

その感覚が養われてくると、相手の攻撃を受け逸らす操作に活きてくる。〝柔らかく〟受ける事ができるようになってくるのだ。

ここまでの足捌きとこの手の感覚が養われてくると、それだけでかなり〝受け〟というものができてくるようになる。

第3章冒頭で述べたように、〝受け〟ができるという事は本当に大切な事だ。

受けに自信がないと、つい相手の攻撃力に対する恐怖から〝ガード〟を固くしようとしてしまう。この現象は、したくなくとも無意識下で勝手に起こる。そうなってくるといつまでたっても〝柔らかい〟受けはできるようにならない。また、受けの失敗から恐怖心が増大し、さらなる悪循環に陥る事もある。

一方、受けに自信が持てると自然に手に無駄な力が入らなくなってくる。そうすると、防御力のみならず、攻撃力も増す効果も出てくる。これは〝良循

“円転手”〜相手の力を瞬時に感得する

手の甲を合わせた状態で、力の均衡を維持しながら前後の重心移動を行ないつつ回転させる。重心を前に移動させた時は前屈立ち、後ろに移動させた時には後屈立ちになる。その動きの中で隙あらば相手に崩しをかける。

“円転手”〜相手の力を受け逸らす対応

こちらに崩しをかけてくる相手の力が感じられた時、その力の方向を感得し、逆らわない形で受け逸らす。“逆らわない”身遣いが成立すれば相手はそのまま強く力をかけてくるので、“逸らし”で相手の体勢を崩す事ができる。

環〞だ。

力の使い方は大切だ。それ次第で、受けが成立したりしなかったりする。また、見た目にも顕れにくかったりもするのだが。その意味でも、こういった〝接触系〞稽古は有益だと思う。空手のような打撃武術はこの〝接触系〞を蔑ろにしがちなところもあるかと思うが、取り入れる意義は大きいと思う。

7 掴まれ手（接点で力まない体の遣い方）

次ページの写真は、手首を掴まれた状態への対処だ。いささか柔術的な訓練にも映るが、これも〝力の遣い方〞を学ぶ上で、大いに空手にも役立つものだ。

手首を掴んできた相手は、実はこれだけで脆さがある。それは、この掴まれた手を上げるだけで、力いっぱい抑え込んできてくれているほど、相手を崩す事ができる。力んだら武術は負けなのだ。それはひとまずさておき。

掴まれた手を上げられるか？　一見力比べでしかないようだが、少し高度な体の遣い方がある。

普通は掴まれたその〝手首〞を持ち上げようとしてしまう。結果として前腕を中心に力ませつつ上げようとする事になる。

すると必然的に抑え込んでくる相手の力とぶつかる事になる。上向・下向の関係から、大概の場合上げられない（次ページ右列写真）。

しかし、手首〜前腕は力ませず、肩甲骨から腕全体を動かすと、スッと上げる事ができるのだ（次ページ左列写真）。

この、末端を力ませない身遣いは受けの要件ともなる。つまり、受け手（手先）を力ませて固くしない、という事だ。

結局〝柔らかさ〞の追求も、大半は力むか力まないかにかかってくる。相手との接点周辺はとくに力ませてしまいやすい部分だ。しかし、前章〜本章を通して解説してきた内容を踏まえると、末端を力ませる事が得策でない事が理解されたのではないかと

接点で力まない体の遣い方

手首を掴んできた相手を崩す。持ち上げれば崩せるが、果たしてどうすればそれができるか?

普通にはどうしても掴まれたその手首の部分を持ち上げようと前腕部を中心に力んでしまうが、それだと相手が抑えつける力とぶつかり、〝力比べ〟になる(写真右列)。

しかし、肩甲骨を動かす事によって上腕〜肘〜前腕全体を動かすようにすると、相手の力とぶつからず上げ崩せる(同左列)。

掴まれた所から動かす

肩甲骨から動かす

思う。

「強靭」という言葉には〝しなやか〟（靭）という意味が含み持たれている。強いのは必ずしも力んで固くしたものではないのだ。

それを真の意味で理解した時、〝柔らかい受け〟は実は簡単な事なのだと思う。

第5章 柔らかなコンビネーション

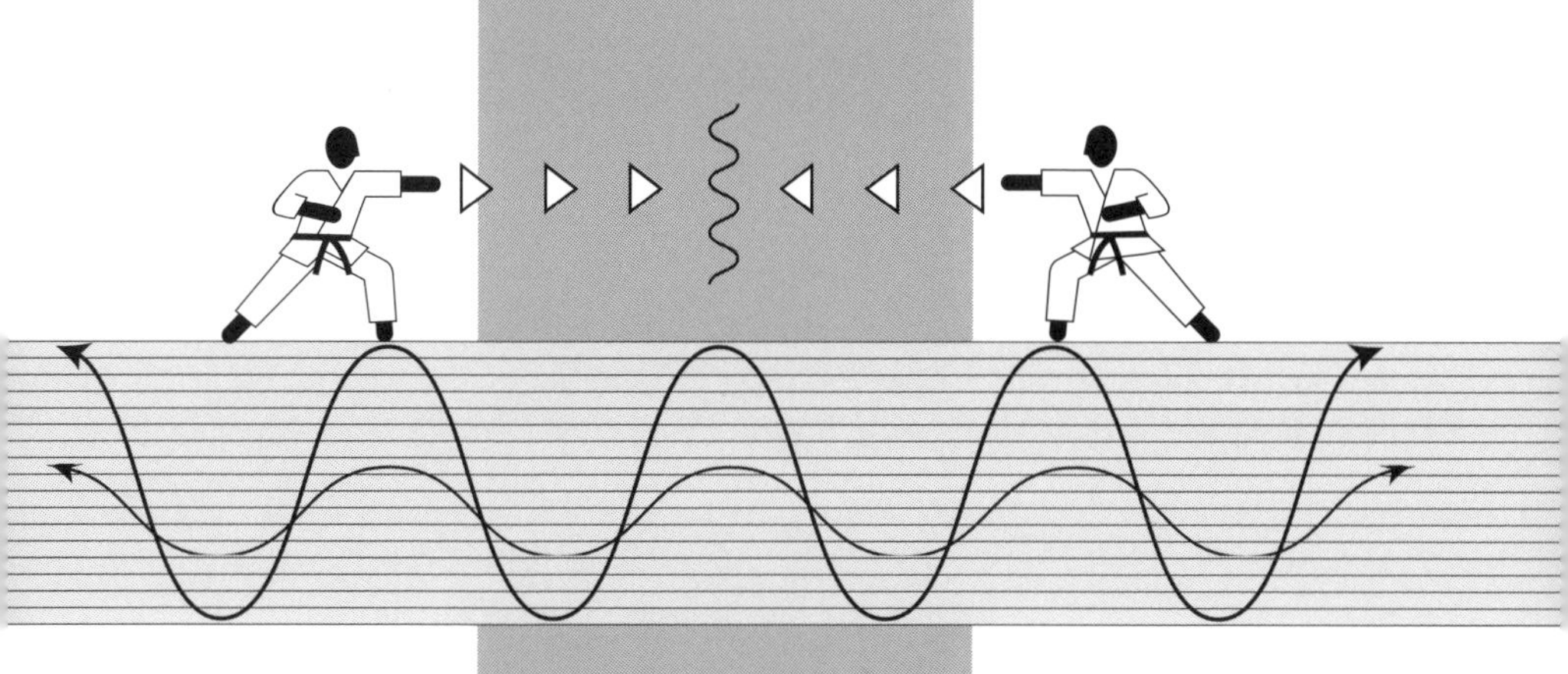

◎〝コンビネーション〟の理想

本章では〝コンビネーション〟について考えてみたい。

〝コンビネーション〟とは必ずしも「連続攻撃」すなわち攻撃動作の連続性のみを扱うものではない。受けも含め、すべての動作の連続性の話になる。

さて、もちろん〝素早く〟やりたい訳だが、〝素早くやろう〟とするほどに陥りがちな罠がある。

普通は動作を早くやろうとすると力む訳だが、こういう〝力み系〟動作をすぐさま継いでいこうとする場合、最初の動作を早く切り上げようとするために、これまた力んでブレーキをかけようとしてしまう。かくして、一見迫力はあるが威力も連続性も乏しいコンビネーション・ムーブができあがる。

本書において再々論じているように、とにかくは〝無駄な力み〟からの脱却が大前提であり、大課題となる。

では、この「〝無駄な力み〟からの脱却」はどうしたら実現するのだろうか？

まずは、理にかなった動きを身につける事だ。ここまでご紹介した〝縦拳〟しかり〝行く方向から遠い足より動かすステップ〟しかり。これらは理にかなった動きとしてご紹介したつもりだが、そういう動きには本質的に、無理に力まなければならない場面が生じにくい。理にかなっていない動きをやろうとしてしまうと無理をせざるを得なくなるのだ。

もう一つには、「効果的な移動」があげられる。

正面に立ったままならガッチリと盾のようなガードを拵えなければならない場面でも、わずかにステップアウトするだけで、掌で軽く逸らせるような位置関係になる。また、カウンターを効果的に入れられるのもポジショニング次第だ。

的確なポジショニングによって、力んだ大きな動きをせずともカウンターを入れる事ができる。仮に相手よりリーチで負けていても（自分の攻撃・防御レンジが相手より短くても）、無理のないカウンターが最小動作で入れられる。

コンビネーションの理想を実現する３要素

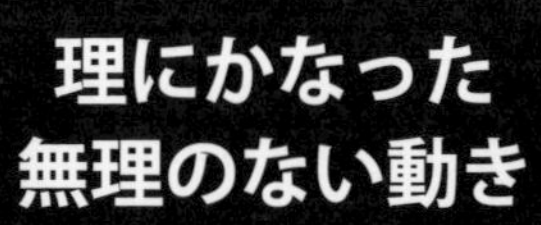

タメと全身連動
による威力

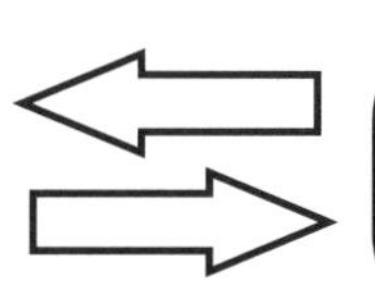

効果的な移動
（ポジショニング）

そう、連続性を考えると、リーチうんぬん以前に動作は最小ですませたい。

最小で威力ある攻撃が放てるか？　最小で最大威力を得るには？

それを実現するのが〝タメ〟と〝全身連動〟だ。先の章では威力を生むために必要な〝タメ〟を大きく表現したが、たとえ見えないほど小さなタメでも驚くほどの威力を発揮する事は可能だ。そしてそれを実現するものこそが〝無駄な力み〟から脱却する事によって得られる内在的な〝柔らかさ〟だ。

「理にかなった無理のない動き」「効果的な移動」「タメと全身連動による威力」はコンビネーションの理想を実現する3要素と言っていいと思う。そしてこれらは相互の前提でありフォローする関係ともなっている。連関し合って理想を実現する構造になっている。

これを念頭におきつつ、さまざまなコンビネーションの例をみていこう。

1 コンビネーション・テーマ①

〝タメ〟の連続性

歩く動作、走る動作が誰でもスムーズに運べるのは〝理にかなった動き〟だからだ。

通常歩行には、右足を出す動作の中に、次に左足を出すための〝タメ〟を作るプロセスが含まれている。

このように、連続動作は左右交互が出しやすい。同じ側のパンチを連続させて打ったりする、いわゆる〝ダブル〟が功を奏す場面は確かにあるが、連続性と威力を同時に実現するのは何と言っても左右交互。これは人体構造上存在する、まぎれもない〝理〟だ。

もちろん、「とにかく左右交互に攻撃を」などと単純な事を勧めるつもりはない。

〝左右交互〟のように、互いの動きのタメを作り合うような関係は、上（手）⇅下（足）にも成立する。

全身を連携させて、互いの動きのタメを作り合うような動きを繋げていく。それは流れるようにスムーズで、かつ一つひとつが破壊力を秘めた、理想的なコンビネーションとなる。

別な言い方をすると、〝タメ〟を作るプロセスを無視して強く速く行なおうとする動作は無理な動作になる。左右交互、上下交互、でなければならない訳ではもちろんない。

〝タメ〟を作るために、ある動作とある動作をつなぐ「連携動作」が必要になってくる場面もあるが、それをいかに無駄なく自然に入れられるか、という所もまた一つのポイントになってくる。

極論的に言ってしまうと、人体は〝関節〟を中心に考えれば、「伸ばす」⇅「曲げる」あるいは「捻る」⇅「戻す」の往復という二元構造、その組み合わせでしかない。それらを自然にスムースに行なうためには、これまた極論的に言えば、いかに無駄に力まないか、という所に集約される。力めば必ず動きに

コンビネーション・テーマ①
“タメ”の連続性（単独動作）

動作の連続性を考えると、〝左右交互〟が一つの動作が次の動作の〝タメ〟になる、という構造になりやすく、自然に威力ある動きを続けていける。〝右と左〟のみならず〝上（手）と下（足）〟の対称性も同様。

コンビネーション・テーマ①

“タメ”の連続性（対人動作）

左の順前蹴り（写真2）～左順突き（写真3）～右逆突き（写真4）～左回し蹴り（写真6）～右回し蹴り（写真8）～左後ろ回し蹴り（写真9）と続くコンビネーション（前ページの単独動作そのままを対人で行なったもの）。

蹴り足を前に下ろす動きが突きの補助動作にもなり、上体の〝ワンツー〟が蹴りの〝タメ〟を作る動きにもなり、右左交互の蹴りは、お互いの〝タメ〟を作る事にもつながっている。全身でいかに連関し合う連続動作が作れるかがポイント。

1

2

3

7
4
8
5
9
6

ブレーキをかけてしまう。直前の動きが次の動きにブレーキをかけてしまうような、そんなコンビネーションになってはいないか。そういう観点から連続性「動作のつながり」を見直してみるのも、意義ある事だと思う。

2 コンビネーション・テーマ②

〝固い部分〟を利用した受け

さて、これは本書のテーマと相反するもののようにも思えるかもしれない。しかし実は、決してそんな事もない。

人体には、力まずとも固くて丈夫な部分がある。それは〝骨〟だ。そしてそれを簡単に武器化できるのが肘と膝だ。

肘と膝は関節を曲げるだけで武器様に固く尖る。これを受けに利用する。

肘、膝を受けに使えば、相手の攻撃が当たるだけで大体は相手の手足の方が悲鳴を上げる、そういう関係になるだろう。

力む必要はまったくない。ただスッと差し出せばよい。力まずに軽く受けられるのだから、これも一種の〝柔らかい受け〟なのではないだろうか。

肘、膝を使った受けは、ムエタイでは頻繁に行なわれる。こちらはきっちり当てにいく、〝攻撃的な受け〟だ。これは至って高等技術なのだが、それほど〝当てにいく〟必要は必ずしも、ない。受けの章に記したように、敵の攻撃は必ずこちらに向かってやってくる。だからそこへ差し出すくらいの意識でいい。当たらなくても、いい。当たるか当たらないかより、結果として受けになっているか（相手の攻撃を食らわない体勢関係になっているか）とそれに続く自分の動きの自由度の方が大切だ。

肘、膝は手先、足先よりも体幹に近い部位なので、より自分に近い所で受ける事になる。この利は、相手の体が泳ぎがちになる事。手先、足先で自分に近い所で受けるのには恐怖があるが、肘、膝を曲げた

コンビネーション・テーマ②
“固い部分”を利用した受け（肘）

相手の上段突きを肘上げで受け、間髪入れず逆側の手の順突きを返す瞬撃のカウンター。

一瞬のうちに返せるのは肘ゆえに可能な力まない受けがあっての事。相手の突きに肘を当てる事自体には難しさがあるが、はずれてもコンパクトにたたんだ腕がガードをなし、攻撃を食らわない。

肘ゆえに、攻撃を自分に近い所で受けられるのも大きな効果で、これによって相手の体が泳ぎ、かつ最小限の素早いコンビネーションが可能となっている。

コンビネーション・テーマ②

“固い部分”を利用した受け（膝）

相手の上段突きを雙手受けで受け（写真2）、継がれた中段蹴りを右膝を上げるだけで受ける（写真3）。膝で相手の足にダメージを与えられる可能性大。上げた足を下ろす重心移動を、突き蹴りに繋げていく。

7
4
8
5
9
6

形は強固なので、抵抗なくできやすい。

先に記したように、これらの受けの利点は力まずとも強力な防御になる点。〝力まない〟利点は動きやすさが維持される事だ。

腕や足を思いっきり力んでがっちりとガードするような受けは、どうしてもその次の動作に移るのにワンテンポ遅れがちになる。もちろん肘、膝を使わない受けにおいても力まないのが理想だが、その〝力まない受けの感覚〟を体得するワンステップとして、これらの技法は有効なのではないかと思う。

3 コンビネーション・テーマ③

〝流す〟受け

空手には、体格や筋力、攻撃力が自分より上の人間にも勝てる技術が確かにある。実際、強い攻撃を浴びせられても、それだけで焦る必要はない。と言うよりも、焦ってはいけないし、リラックスして立ち向かわねばならない。それが本当にできる空手家は何人もいる。

それは〝流す〟という方法論が存在するからだ。

相手の攻撃は真正面からぶつけたり、ガードしたりするのでなく、〝流す〟のが基本。これによって相当の筋力が必要なくなり、力みから脱却できる。

体格的に相手より自分が劣ろうとも受けられる自信が持てる事は大きい。その精神的効用は、さらに無駄な力みをなくした脱力運用が可能となってくる。それほど、焦りや恐れ、力みは受けにも攻撃にも、膨大なマイナスをもたらすのだ。

〝流す〟受けには、相手の攻撃を単に逸らし凌ぐだけでなく、受けた後の相手の体動をコントロールする狙いがある。つまり自分にとって都合のよいポジションへ誘導する事に繋がる。

〝予測〟というと、それは、はずした時に大怪我する危険性をはらんだものになってくるが、行き当たりばったりでない、相手に先んじた思索と体動は実戦上必要なものだ。

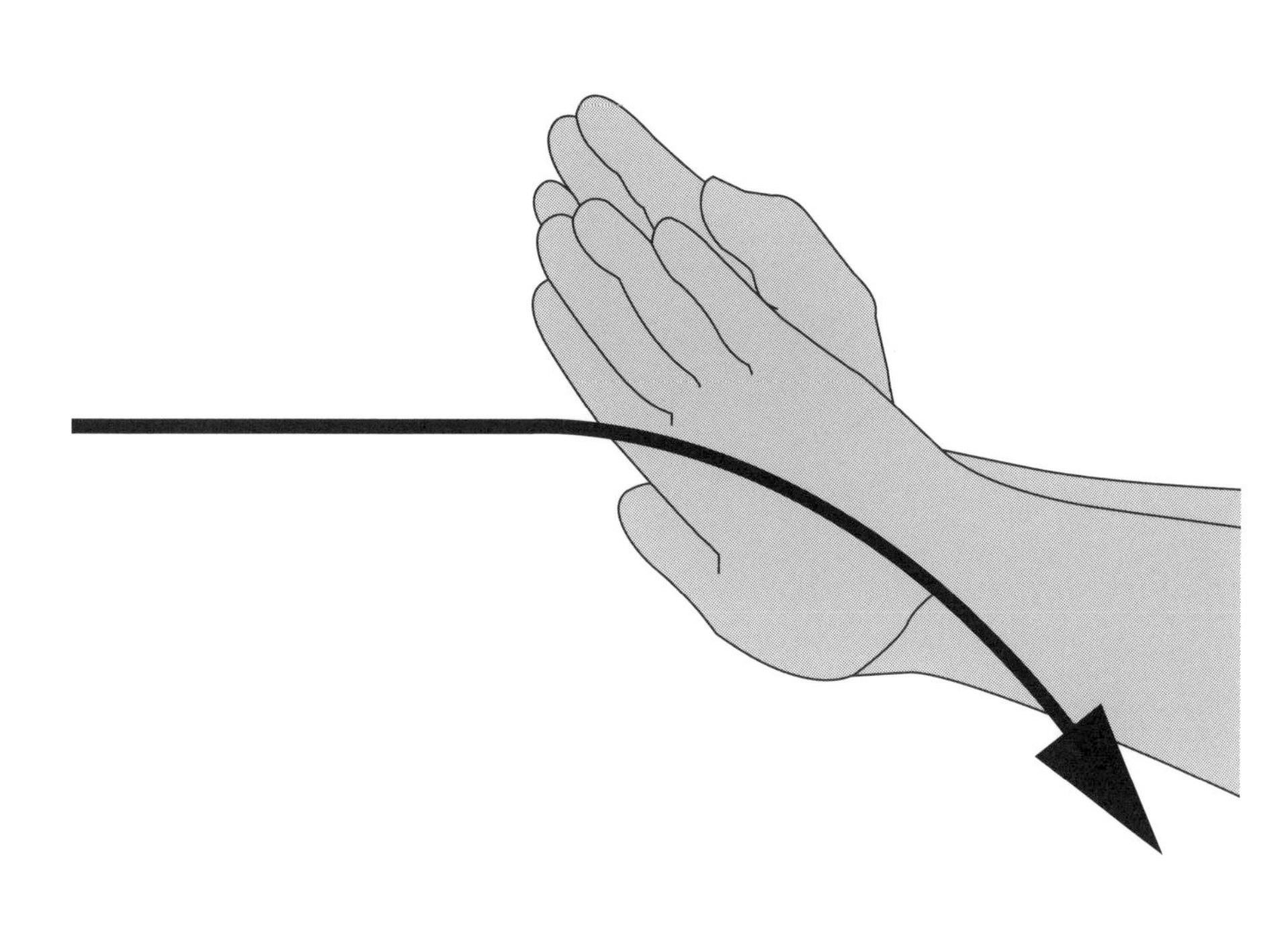

〝コンビネーション〟というものには、そもそも単なる連続動作というだけに止まらない要素を含んでいる。それは、戦略的な部分でもあり、肉体的、生理的、心因的なところからくる必然、動きの〝流れ〟というものをとらえる事だ。

〝流す〟という要素は、受けを単に〝食い止める〟次元から一歩前に踏み出させるものでもある。

また、流そうと思うと、得てして横方向に大きな動きをしてしまうが、実はそんな必要はない。むしろその〝流そう〟という横方向の大きな動きをしてしまうと、それを外された時にこちらの体が泳いでしまい。隙を生む結果となってしまう。

相手の攻撃にはそもそも勢いがあるので、そういうものはほんの少し〝角度〟を与えてやるだけで大きく逸れていってくれるのだ。

先の章でご紹介した〝雙手受け〟は、〝流す〟ための技術として非常に有効になる。

両掌を重ねて受けるが、その掌の角度を少しつけるだけで右にも左にも流す事ができる。受ける瞬間

コンビネーション・テーマ③

“流す” 受け（膝で流す）

相手の中段前蹴りを膝で右へ流す（写真2）。相手の体を右へ泳がせる事によって、一瞬、裏を取る位置関係になるので、その機を逃さず、突き、蹴りを叩き込んでいく（写真3～5）。

4

5

コンビネーション・テーマ③

“流す”受け（手で流す）

相手の中段前蹴りを左へ体を捌きつつ手で右へ流す（写真2）。相手の体を右へ泳がせる事によって、一瞬、裏を取る位置関係になるので、その機を逃さず突き、蹴りを叩き込んでいく（写真3〜5）。前掲の膝で流す例に比べて手による本例は体捌きが必要になる。

4

5

コンビネーション・テーマ③

“流す” 受け（雙手受けで左右に流す）

1

左へ流す

相手の上段突きを、その手が左か右かに応じ、左手の突きは自分の左へ、右手の突きは右へ流す（本ページおよび次ページ写真2）。その瞬間に生じる中段の隙に回し蹴りを入れる（同じく写真3）。

右へ流す

以前に〝流そう〟という意図はまったく顕れない。

自分の攻撃が逸らされた瞬間、すなわち当たるはずのものが当てられなかった瞬間、人には例外なく最大の弱点が露呈してしまう。カウンターはある意味、そういう瞬間にしか決まらない。

そのための方法論として、この〝流す〟はどうしても体得しなければならない要素だろう。

4 コンビネーション・テーマ④
ポジショニングの受け

相手の攻撃は正面から受け止めたりぶつからせない。だから体格も筋力も必要ない、とい気構えになれる。逸らせばよい、という方法論だ。

しかし、手先の操作だけでは必ずしも逸らせられるとは限らない。そんな時にモノを言うのは何か？

それは足による〝移動〟だ。すなわちポジショニングである。


実は、我々の空手における〝受け〟の主役は体移動だ。手は添える程度、と考えている。

極論すれば、ポジショニングが的確ならば、ヘビー級のボクサーのパンチだろうが怖くない。ボクサーのパンチは速いから無理！と思われる方もいるかもしれないが、それは考え違いをしている。相手のパンチと徒競走でもする気なら、それはスピードで勝ち目なしと考えても仕方ないが、パンチとあなた自身とでは〝しなければならない条件〟がまったく違う。あなたが動かねばならないのはほんの〝体1つ分〟程度の移動にすぎないのだ。

あえてもっと極論を言ってしまうと、もしあなたに予知能力があるなら、相手のパンチが音速であろうと、あなたの動きがどんなに遅かろうと大丈夫だ。相手より先に動き始めて、パンチの当たらないポジションに移動してしまえばいい。

と、これを冗談ととるかリアルととるかは人それぞれだと思うのでひとまずさておき、本項のテーマ〝ポジショニング〟の受けである。

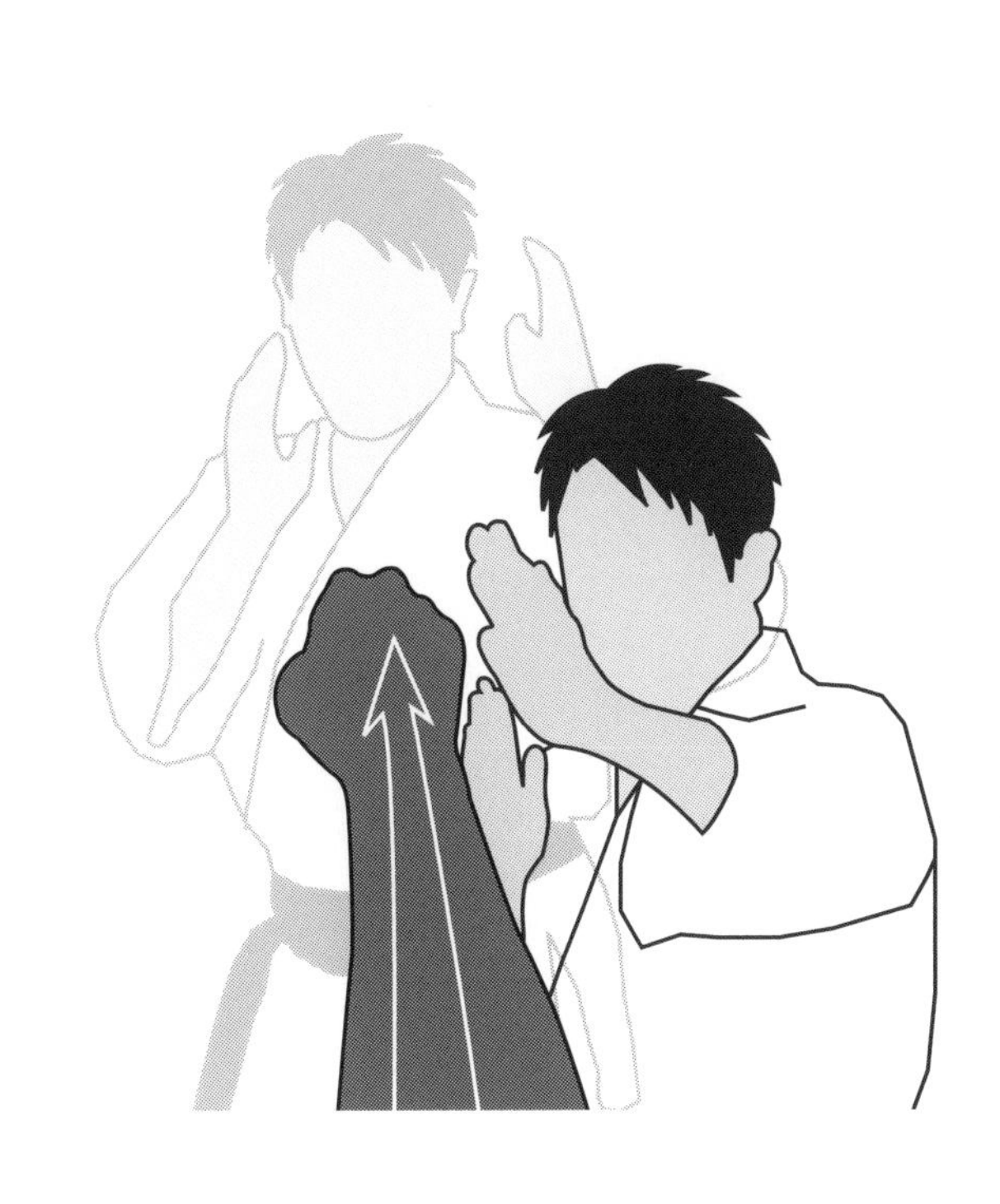

先に記したように、相手の攻撃を無力化するためには、ほんの体1つ分の移動で十分だ。それさえできれば、当たらない、あるいは手を添えて逸らす事のできる位置関係になれる。

前章でご紹介したステップ・ワークは、どれも1歩スケールだった。それは、実戦的に体移動は1歩で十分だからだ。（2歩以上の移動は武術には必要がない、という意味ではない）

1メートルも2メートルもの距離を瞬時に移動しようとする必要はない。遠間から一気に間を詰めて突きを入れる、などというような攻撃的な空手を考えている方にはそういうステップも必要だと思うが、我々の空手はカウンターをとる空手だ。それにはむしろ最小限のステップの方がいい。

手や足で強く固めたり弾いたりせずとも、ポジショニングをほんの少し移動させるだけで受けが成立する。これを、ただ攻撃を避ける行為と解釈しないでほしい。つまり、攻撃線からできる限り体を離すのが目的ではない、という事だ。「相手の攻撃が

コンビネーション・テーマ④

ポジショニングの受け（下段払い〜）

相手の中段前蹴りを前足を弾きつつの体軸移動操作（零の歩み）で受ける（写真2）。この受けの主役は左腕でなくポジショニングだ。

このポジショニングによって受けが成立したのみならず、相手を裏から迎え撃つ優位体勢になっている（写真3〜6）。

4
5
6

コンビネーション・テーマ④

ポジショニングの受け（合わせ追い突き〜）

相手の左上段突きに対し、〝一の歩み〟で右前に踏み出て裏を取りつつ、その突き手を受けつつもそのまま突き込んで攻撃となる「合わせ追い突き」を入れる（写真1〜3）。この絶妙なカウンターは適切なポジション移動があって初めて成立する。写真4〜6は以降の連続性を示すもの。突きだけに終始させず蹴りまで繋げるコンビネーションも重要。

4
5
6

当たらず、かつ自分の攻撃は当たる優位ポジションに、積極的に移動する」のだ。

つまりこれが〝柔らかな〟身捌きとなる。ある意味、相手の攻撃を受け入れてもいるのだ。この質感、姿勢はいろいろな意味で大事だ。拒絶したり、破壊したりするよりも、受け入れたり寄り添ったりする方が、コントロールするのが容易なものだ。

5 コンビネーション・テーマ⑤
ポジショニングの攻撃

ポジショニング次第で成立するのは受けばかりではない。当然ながら攻撃も同義だ。

受けにおいて体格の大小や筋力の大小、といった負の条件をクリアする決め手はすでに述べたごとく〝流す〟という方法論であり、ポジショニングだ。

これは、手足の長さすなわちリーチの問題、そしてスピード、パワーといった攻撃力において自分が負の条件にある場合のクリア法もまったく同じ事が言える。

相手が自分よりリーチがあって、自分ばかりが届かない間合いで闘わされようとしている場合、「相手のふところに潜り込め！」が最も手っ取り早く頭に浮かぶセオリーだろう。しかし、どうやって潜り込んだらよいのか、そこの手段を具体的に考えずにただ闇雲に「潜り込め！」ばかりが叫ばれるケースも少なくない気がする。下手をすると「根性で潜り込め！」などとすら言いかねない。

潜り込むためには、相手の攻撃が当たらず自分の攻撃は入れられる位置取りを選ばなければならない。そしてそれがかなえば、自分よりリーチが長い相手にも撃ち勝つ事ができるのだ。

さて、言うは易いが行なうは難し、と思う方もいるだろうが、それほど悩み、心配せねばならない問題でもないのだという事を、ここではあえて言っておきたい。

1ラウンド3分の間「相手ふところに入る戦い方

を続けろ！」と言われるとちょっと途方もなく感じ、根性にもすがりたくなろうものだが、ほんの一発、ほんの一瞬、相手が撃ってきたその一撃だけについて考えるならば、さほど戦略家でなくとも、相手の攻撃に対してどういう位置取りをすればよいかがおのずと見えるはずだ。

やらねばならない事は、相手の攻撃線をはずす事と相手に近付く事の2つ。方法論はいくつも存在するかもしれないが、身を処さねばならないポジションとしての〝答え〟は1つか2つくらいのものではないだろうか。

次ページにご紹介する例は、108～109ページに掲げた「合わせ追い突き」の例と同じ〝一の歩み〟のステップを切る。この〝一の歩み〟は、瞬時に相手攻

相手攻撃線

体

一の歩み

たった二歩からなる歩法ながら、一歩目ですでに体を相手攻撃線から外し、間髪入れず相手の裏へ間を詰める事ができる実戦力に優れたステップ。

コンビネーション・テーマ④

ポジショニングの攻撃

相手の左上段突きに対し、突き手の外へ体を捌きつつ入り身して右アッパー（写真1～2）。直突きを食らう事なくレンジの短いアッパーを入れられるのも絶妙なポジショニングがあってこそ。

写真3～5は以降の連続性を示すもの。左右、上下多彩な撃ち分けを繋げていく。

1

4
5

撃線をはずし、裏のポジションに間を詰めるために非常に有効な歩法だ。

この危急の場面で、地を蹴るでも跳ぶでもなく〝ふわり〟とスライドさせる1歩目が特徴的で、この1歩で一瞬のうちに相手攻撃線から自分の体を外す事が実現している。

素早く動くための一つの正解が、実はこんなところにあるものなのだという事も、ぜひ知っておいていただきたい。

6 コンビネーション・テーマ⑥
自然に生じる〝スキ〟

相手の攻撃を受けたら、どこへどう反撃するか？これを「自分のやりたい所に、やりたい風に」やってしまっている人は少なくないと思う。要するに、自分の得意パターンをやっているだけの事だ。

闇雲に連続攻撃をしていって、いつかどれかがヒットしたらよい……という考え方は間違っている。反撃は効果的な〝相手のスキ〟に入れていかなければならない。

〝相手のスキ〟はその時の相手次第、その時になってみないとわからない……というのも、間違ってはいないが、少し認識違いがあると言わなければならない。

確かに、その瞬間瞬間に相手に生じている〝スキ〟を狙わなければならないのだが、この〝スキ〟を見つける目と瞬時にそこに入れる反応力が、一体いつになったらできるのだろう……などと感じている方も多いのではないだろうか。

〝スキ〟の生じ方にはある程度セオリーがある。もちろん、実戦で必ずそうなる、というものではないので、そういうアテの仕方をしてはならないものだが、ある程度それを把握して、ある程度それに沿ったカウンター練習をしておく事は、人間の体動の〝流れ〟というものをとらえる意味でも、必要な事だと思う。

コンビネーション・テーマ⑥
自然に生じる“スキ”

相手の右上段突きに対し、〝雙手受け〟で受ける（写真2）。この瞬間に〝スキ〟となりやすいボディに前蹴りを入れる。

1

2

3

例えば〝雙手受け〟。あまり一般には行なわれていない技術なので、本書で初めて目にした方がほとんどだと思うが、相手がこれをやってきた場面を想像してみてほしい。

上段に仕掛けていった突きが両手を突き出して合わせるこの〝雙手受け〟で防がれた。

そもそもこんな、両手をただ前に突き出しただけのようなこんな受けで防がれるとは思わなかった。しかし合わされた両掌を中心に考えると、これほどに懐深い構えもない。体が遠くにあって、ちょっとやそっとでは届きそうにない。蹴りを継ぐのは現実的でない。

打ち込んだ瞬間はおそらくこんな感じだ。要するに、意識が突き、および上体に固定してしまいがちになる。もちろん、時間が経過すれば「何とかローキックで攻め崩してやろうか」などといった考えも浮かんでこようが、この瞬間に限って言えば固定状態に近くなる。

そんな瞬間、そして打ち込んだ上段突きがはずされてしまったこの瞬間、どうしてもボディが疎かになりやすい。そこで〝雙手受け〟で受けたら、間髪入れず中段に前蹴りを入れる、という形はある程度パターンとして練習してしまうのが効果的だ。

本章のテーマ〝コンビネーション〟は〝行き当たりばったり〟ではなく、相手をそこへ誘導していって、仕留める、という性質のものでなければならない。

7 コンビネーション・テーマ⑦
バック・ステップ

後方へ下がる〝バック・ステップ〟は前蹴りであろうが回し蹴りであろうが、突きであろうが、同じように防ぐ事ができる、ある意味〝万能〟の防御だ。間合いを外してしまっているのだから、当然攻撃は当たらない。しかし、一点、難しさをはらんでいる。

こちらの〝バック・ステップ〟は相手にとっては

〝フロント・ステップ〟だという事だ。

バック・ステップは当然ながら、後ろに下がって攻撃をかわすステップだ。後ろに下がる訳だから、やりやすいステップとは言い難い。スピードも移動距離も小さくなりやすい。しかしそれを相手が追いかけようと思ったら条件はまるで逆。前に出ればよいのだから〝バック・ステップ〟よりはるかにやりやすい。追いかけっこになったら、こちらに完全に分が悪い。

当然ながら、〝バック・ステップ〟は追いかけっこ前提でやってはいけない。あくまでカウンター狙いだ。従って、すぐさま前に出る前提の〝バック・ステップ〟でなければならない。なので、ここでも力みのない、変化性に富んだステップである事が望ましい。大きく飛びすさるようなステップをすれば、いくら大きく下がれても、瞬時に前に出る事はできない。それどころか、大きく飛びすさって着地した瞬間、次動作への移行ができないでいるこちらの〝スキ〟に乗じてさらに間を詰めようとしてくるかもしれない。この追いかけっこにも勝ち目はない。

本項でご紹介するのは、下がってすぐさまカウンターを入れる技法例である。こちらが〝下がるステップ〟から前に出るステップにスイッチする、その切り替えがスムーズであればあるほど、カウンターとして決まりやすくなる。

これは前項の「自然に生じる〝スキ〟」に通じる話だが、〝バック・ステップ〟直後に入れていくカウンターは、〝バック・ステップ〟直前に相手が何をやってきたかによって異なる、相手の〝スキ〟の出方に応じなければならない。

そして、その〝出方に応じる〟ために、〝バック・ステップ〟自体を使い分ける事が有効になる時もある。

次ページに紹介するのは、相手の回し蹴りを〝バック・ステップ〟でかわして、すぐさまカウンターの回し蹴りを返していく技法例だ。

相手の回し蹴りがこちらのステップによって外された瞬間の体勢を想像してみるといい。全体の〝流

コンビネーション・テーマ⑦

バック・ステップ（相手の蹴り足に応じた切り替え〜一歩目）

左回し蹴りに対して

相手が左の回し蹴りにきた所、前足を引くバック・ステップでかわす（写真1〜2）。間髪入れず、回し蹴りを外された直後の相手ボディに左回し蹴りを返す（写真3）。

1

2

3

右回し蹴りに対して

相手が右の回し蹴りにきた所、前足を引くバック・ステップでかわす（写真1～2）。

前ページの左回し蹴りの時と違い、相手の蹴り終わりの体勢が自分から見て右向きになる（写真3）。

そこで、継ぎ足ステップで、最終的に右足を下げた体勢をとる（写真2～3）。

相手のボディに右回し蹴りを返す（写真4）。

1

れ〟というものがとらえられてくる。

すると、大きな問題が一つあるのに気付く。相手の回し蹴りが右足であろうが左足であろうが、前足から動く〝バック・ステップ〟によってかわせるのだが、右足の蹴りか左足の蹴りかによって、かわした瞬間の相手の体勢がまるで違う。

そこで、相手の蹴り足がどちらかに応じて、下がり方を変えるのだ。

相手が左回し蹴りにきたら、蹴り終わりには相手の体は自分から見て左を向く。左回し蹴りが返しやすい。

相手が右回し蹴りにきたら、蹴り終わりには相手の体は右を向く。右回し蹴りが返しやすい。

そこで、次のようにする。

相手が回し蹴りに来た瞬間、前足から下げるのは一緒。その下げ幅を、左回し蹴りに対しては、左回し蹴りでカウンターをとるため、大きく引いて左足が下がった体勢をとる（118ページ写真参照）。

右回し蹴りに対しては、右回し蹴りでカウンターをとるため、小さめの継ぎ足にして最終的に右足が下がった体勢をとる（119ページ写真参照）。

これを、「相手が右回し蹴りにくる」→「小さめの継ぎ足」という判断を頭の中で下しているようではとうてい間に合わない。

ここでの技法全体をとらえてみよう。〝流れ〟というものをとらえてみるといい。すると、相手が右回し蹴りにきた瞬間（119ページ写真1）に、その蹴り終わりの光景（119ページ写真3）が浮かぶようになるだろう。そこが見えるならば、〝継ぎ足ステップ〟を瞬時に選択するのは決して難しくないはずだ。

先の「ポジショニングの受け」の項（104ページ）で「もし予知能力があったら…」などという事を記したが、それはこういう意味合いだ。〝先〟がつかめていると、そこへ向かうための選択ができる。〝先〟がつかめているというのは、ビジョンがだいたい浮かぶくらいの事でいい。「こうしてきたら、こうなる」式の論理で頭に入れておいた所で、実際には思い描

いたようなそのままにはならない。

大事なのは、瞬時に、臨機応変な変化ができる、という事だ。いくら先の先までとらえるセオリーが頭の中に入っていたとしても、それを見越した動きをし始めたら、途中で発生し始めたズレに対応できず大怪我、という事ではまずい。

ここの例で言えば、「相手が右回し蹴りにきたから継ぎ足ステップを選択する」のではない。「蹴り終わりに相手が右を向くビジョンがみえるから、それを右足下げの体勢で待ち構える」のだ。そのための具体的手段が、継ぎ足ステップの選択、という事になる。


〝バック・ステップ〟にはもう一つ岐路がある。

今度は2歩目の変化を見てみよう。

次ページ(122ページ)の例は相手上段突きを〝雙手受け〟で受けた所から始まるコンビネーションだ。

前項で、「〝雙手受け〟で受けられた相手は中段に〝スキ〟が生じやすい」と記したが、もちろん実際にはこのように次の攻撃を継いでこられる事もある。

相手の上段突きを〝雙手受け〟で受ける(122ページ写真1~2)。相手の勢いを殺すため、前足を引く〝バック・ステップ〟1歩目(写真3)。

この時点では、次に右足を引く形にもできるし左足を引く形にもできる。

そこから相手が左回し蹴りにくる動きに応じて、左を引く〝バック・ステップ〟2歩目(写真4)。左回し蹴りでカウンターをとる(写真5)。

この例では2歩目の処し方に大きな岐路があった事になる。

もう一つの例をみていただきたい(124ページ参照)。今度はいきなり前蹴りにこられるパターンだ。

相手が放ってきた強烈な左前蹴りに対して、前足を引く〝バック・ステップ〟1歩目でかわす(写真1~2)。

この瞬間、相手がその前進力を加速させて次撃を継いでくるようなら、さらにもう1歩引いて対処せ

コンビネーション・テーマ⑦
バック・ステップ（相手の動きに応じた切り替え～2歩目）

相手の右上段突き〝雙手受け〟で受ける（写真1～2）。相手の勢いを殺すため、前足を引く〝バック・ステップ〟1歩目（写真3）。ここからはどちらの足を下げる体勢にも変化できるが…

左回し蹴りにきた相手の動きに応じて左足を引く〝バック・ステップ〟2歩目（写真4）。左回し蹴りのカウンターがジャストとなる（写真5）。

4
5

コンビネーション・テーマ⑦
バック・ステップ（相手の動きに応じた切り替え～2歩目）

相手の強烈な左前蹴りを前足を引く〝バック・ステップ〟一歩目でかわす（写真1～2）。

相手の前進力がその瞬間に途切れている事を察知し、そこから体を変え、相手の裏へ一歩踏み出る〝零の歩み〟に変化（写真3～4）。

優位ポジションから、左膝蹴りを返す（写真5）。

4
5

ねばならない場面だが、相手の前進性が途切れている事を察知。この瞬間、〝バック・ステップ〟から前に出る〝零の歩み〟に変化（写真3～4）。優位ポジションから、左膝蹴りを返していく（写真5）。

ステップ・ワークは〝2歩一組〟のように機械的にこなしてしまってはダメだ。常に、どの瞬間どの瞬間にも、変化できる気構えでいるべきだし、そういう身体であらねばならないと思う。

8 コンビネーション・テーマ⑧
瞬時の〝タメ〟

本章最終項には、ぜひ〝タメ〟というテーマを取り上げてみたいと思う。

まずは続く128～129ページ写真の実例の、一連の流れをご覧いただきたい。

ショートレンジの攻防から、相手の勢いをいなすために下がる。その下がる動きの中でカウンターを放つ。

下がりながらのカウンターは難しい。当てるのも威力を出すのも難しい。もちろん、しっかり立ち止まって、打ち直すなら別だが、そこまでの余裕はない。立ち止まれるのは一瞬だ。その一瞬をとらえるカウンターが、ここでは可能になる。

なぜだろうか？

もはやお気づきの事とは思うが、ポイントは、〝回転順突き〟を行なっている、という事だ（写真4～5）。

先述の通り、この突きは突き手を体側に添わすように回転させ、〝タメ〟を作って、通常より伸び、威力のある突きを実現している。

この動き一連を実際に見てみると、ほんの一瞬である。その一瞬のうちに〝タメ〟が作れるかどうかがポイントなのだ。

先にもご紹介しているように、〝タメ〟は大きく動いて大きな〝タメ〟を作る所から始める。まずは体が〝タメ〟を覚えなければ話にならない。この

時点で、体は柔らかく使わないと、そして無駄な力みはどんどん取り除いていかないと、有効な〝タメ〟は生成できない事がわかる。

これができたら、その動きをどんどん小さく、鋭くしていく。

やっている事は〝省略化〟ではない。まったく同じ体動を小さな動きから実現していくという事だ。向かう方向性は「寸勁（すんけい）」に似る、と思う。

こういう身体の使い方ができるようになると、ショートレンジの攻防で威力が出せるようになるのだ。

ショートレンジの小さな動きの利点はもう一つ、連続性に優位であるという事だ。

一発一発振り回すような攻撃もいいが、そのいちいちにけっこうなエネルギーでブレーキをかけなければならないような身体の遣い方をしてしまってはいないだろうか？

疲れるし、威力も出ないし、身体も傷める。そうなってしまわないためにも、必要な操作はやはり何と言っても「無駄な力みを取り除いていく」事に尽きるのだ。

コンビネーション・テーマ⑧
瞬時の“タメ”

ショートレンジの攻防（写真1～2）から、相手の勢いをいなすためにバックステップ1歩目（写真3）。相手がさらに前進してくる動きにつれ、バックステップ2歩目を着くや否やの瞬間に〝回転順突き〟を発動（写真4）し、カウンターにとらえる（写真5）。

4
5

コンビネーション・テーマ⑧

瞬時の“タメ”（そこから生まれる連続性）

〝一の歩み〟で優位ポジションをとるや攻防一体の〝合わせ順突き〟で相手をとらえる（写真2〜3）。コンパクトな動きで瞬く間に連続攻撃を入れる（写真4〜6）。このショートレンジの動きで威力を発揮できるのは、瞬時に〝タメ〟を作る事ができているから。

あっという間のうちに完結する連続攻撃だが、次の動作のための〝タメ〟が絶妙に入れられている事が連続写真から読み取れる。

4
5
6

“柔らかさ”を作る鍛錬

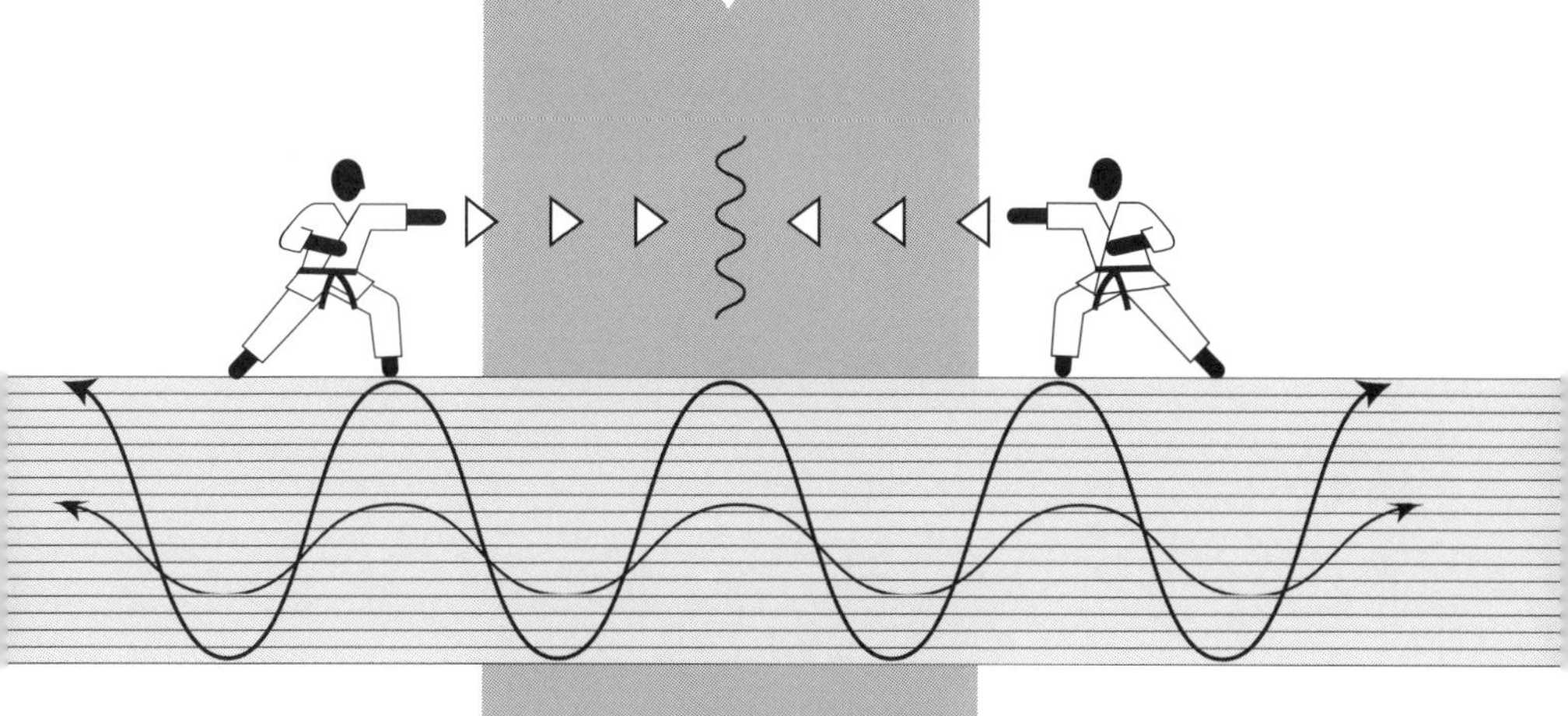

1 〝柔らかさ〟を手に入れるために必要なもの

本章では、〝柔らかい〟事を意識した鍛錬をいくつかご紹介してみたい。

とは言っても、身体を柔らかくする特別なストレッチだとか、動きを柔らかくする特別な方法、のようなものをご紹介する訳ではない。

柔らかさを手に入れるために、何かそんな特別なメソッドが必要だとお考えならば、それは誤りだ。柔らかさを手に入れるために必要なのは、恐ろしくシンプルな極意一つがあるのみである。

無駄な力を入れない事、だ。

だから、何をやるにも、この「無駄な力を入れない事」を意識してやる事によって、確実に柔らかさに近づいていける。

と、言うだけなら簡単だが、やるとなるとまた別の難しさにぶち当たるのだ。

ある意味「無駄な力を入れたい」と思って入れている方などいないだろう。突きを行なうにも、蹴りを行なうにも、受けを行なうにも、誰もが「無駄な力」など入れたくないのだ。それでもつい無意識に入れてしまうのは「相手に勝ちたい」という目標が大体においてあり、そのための方法論として「相手より強い力を出したい」「相手より速く動きたい」が来てしまい、そのためにどうするか、となるとまずは〝力む〟がきてしまうものだからだ。ある意味、人間にとっては宿命と言っていいものだ。

それでも力まないように、〝柔らかさ〟を手に入れるためには、ちょっと意識というか、角度を変えてみるといいと思う。

普段やっている事とはちょっと違う事をやってみるのも、よいきっかけになったりする。

本章では、そんな風なきっかけになりそうないくつかをご紹介してみたい。

2 武器術の基本操作で〝柔らかさ〟鍛錬

今、空手をされている方で武器術も修練している、という方は必ずしも多くないだろうと思う。

「自分に必要なのは徒手武術なので、武器術は必要ない」という考えも少なからずあるだろう。

しかし、この武器術は身体の遣い方というものに気付きを与えてくれる、よいきっかけとなるものなのだ。

〝武器は手の延長として使う〟のが理想とされる。そのための大前提として、まず必要なのが、力んで持たない、という事だろう。武器は力んで持ってしまうと、とたんに自由には動かせなくなる。これは野球のバットでもボートのオールでも同じだ。

力むと動きは固くなる。その固さは、武器術では非常に顕著に現れる。武器はある意味、身体の動きを拡大して見せてくれるところがある。武器を柔らかく扱えるようになったら、身遣いとしても相当柔らかく遣えるようになっている、と言っていいだろう。

次ページの写真は、ヌンチャクをただ納めるだけの操作。こんなシンプルな操作が、〝柔らかさ〟のためのよい練習になる。

振り出したヌンチャクを納める場所は肘の裏のあたり。挟み込むのではなく、スッとただ乗せるだけのように納める実戦用法だ。

しかし、これだけの事がなかなか難しい。ポイントは手首を柔らかく遣う事。固いとヌンチャクが腕に激突してしまう。〝軟着陸〟させるには、手首を絶妙の柔らかさで遣う事だ。

137ページの例は、サイの操作。

胸前に構えたサイを左右に回転させながら振り出し、戻す、ごく一般的な操作だ。

熟練者はこの操作を、クルクルとスムーズに流れるごとく行なえるが、これも手首の柔らかさ一つの大きなカギとなる。

サイの回転は手指を中心に、振り出し操作は肘を中心に行なわれるが、この両者の動きを統合するのが手首の柔らかさなのだ。

サイの動きは、身体の動きのスムースさを拡大し

“柔らかさ”が養われるヌンチャク操作修練

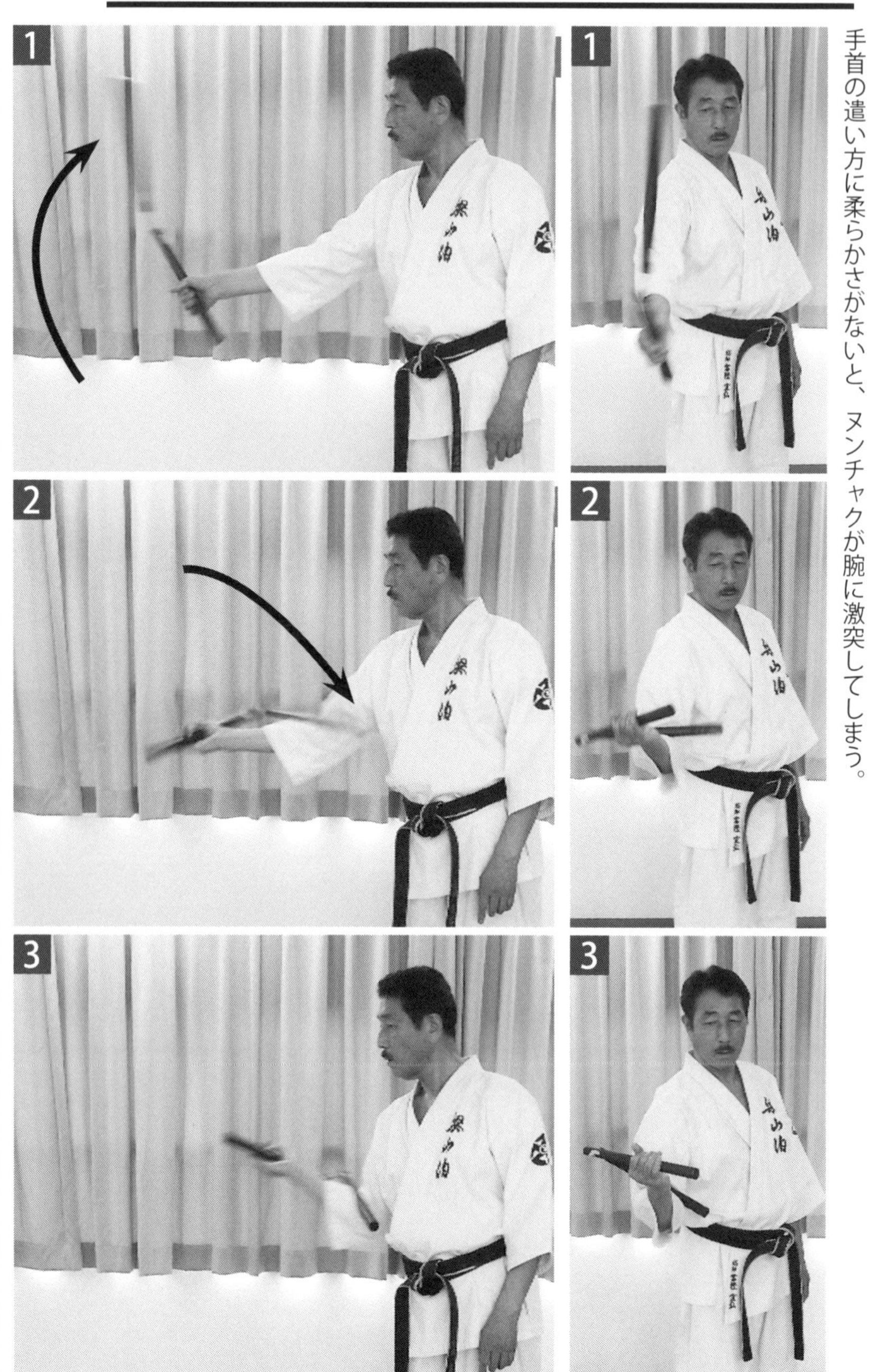

下から振り出して、戻ってきた所を肘の裏のあたりにスッと乗せるように納める（肘裏で強くは挟み込まず、あくまで乗せるくらいの加減で）。手首の遣い方に柔らかさがないと、ヌンチャクが腕に激突してしまう。

“柔らかさ”が養われるサイ操作修練

サイを回転させながら振り出し、戻す基本的な操作。回転は手指を中心に、振り出しは肘を中心に行なわれるが、両者を統合するのが手首の柔らかさ。手首が柔らかく遣えるとサイが流れるように動くが、固いとサイの動きに如実に顕れる。

て顕してくれる。サイを滑らかに操る事ができるようになったら、手首や肘はかなり柔らかく遣えるようになっていると考えていいだろう。

3 前屈移動

〝柔らかい〟をキーワードとしてさまざまな技術論を述べてきた。その〝柔らかい〟というものの質がここまででかなり具体的にお伝えできてきたのではないかと思う。

〝柔らかさ〟はややもすると抽象的にすぎて、その追求の仕方がわからなかったりする。まずは柔軟体操にはげもうとする方もいるかもしれないが、それは武術で必要とされる〝柔らかさ〟のほんの一部にすぎない。身体の可動性、体遣いの柔らかさ、動きの柔らかさ、すべてが同時に実現していないと意味がないのだ。

そのための最基本としているのがここでご紹介する前屈移動だ（次ページ写真参照）。

動作としては実に簡単だ。前屈立ちの状態から後ろ足を寄せて前に踏み出し、再び前屈立ちになる。それだけの繰り返しだ。これを非常にゆっくり行なう。

まず前足のつま先を外45度に開き、そこへ体重を移動させせつつ後ろ足を親指で床を擦るようにゆっくりと寄せていく。この時に体軸は横へ移動するが、頭の上下動はなるべくないように。この動きをゆっくり行なう事はそのまま足腰の鍛錬になりつつも、股関節の柔軟性が要求される。これは腰を切る操作に不可欠なものだ。

そして、ここまでの操作で、足を踏み出すための〝タメ〟を作っている事になる。つまり、このシンプルに前方移動しているだけに見える動作は、常に次動作の〝タメ〟を作り続けながら連なっていく、そういう構造になっているのだ。

ぜひゆっくりと、行なってみていただきたい。ゆっくりと本当に淀みなく、滑るように動くには、自分には足りないものがいろいろある事に気づかせてく

“前屈移動”修練

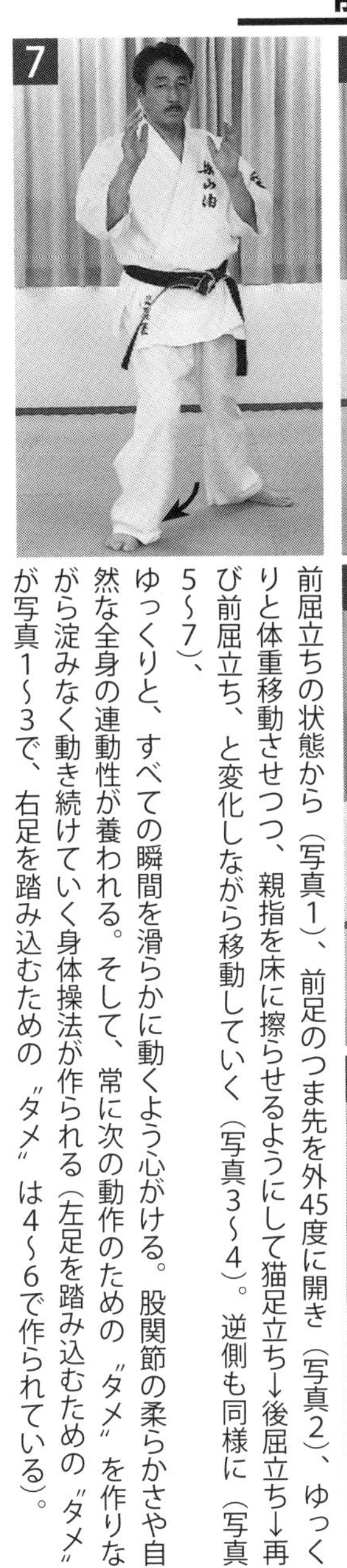

前屈立ちの状態から（写真１）、前足のつま先を外45度に開き（写真２）、ゆっくりと体重移動させつつ、親指を床に擦らせるようにして猫足立ち→後屈立ち→再び前屈立ち、と変化しながら移動していく（写真３～４）。逆側も同様に（写真５～７）、

ゆっくりと、すべての瞬間を滑らかに動くよう心がける。股関節の柔らかさや自然な全身の連動性が養われる。そして、常に次の動作のための“タメ”を作りながら淀みなく動き続けていく身体操法が作られる（左足を踏み込むための“タメ”が写真１～３で、右足を踏み込むための“タメ”は４～６で作られている）。

れる。そんな稽古だ。

4 浮木手（うっきしゅ）

より実戦的な動作を一人稽古として行ないながら〝柔らかさ〟を養う事ができるのが、この〝浮木手（うっきしゅ）〟だ。46ページでご紹介した、攻防一体の〝内受け逆突き〟と同種の動作がここに入っている。

1サイクルあっという間に終わってしまう短いものだが、この中に多くの動作が凝縮されている。自然立ちから、足を開きつつ腰を落とし、直突き。そこから腰を上げて浮き上がりつつ、突いた手で裏拳。さらに、同じ側の前蹴りと継いで1サイクルとなる。ここからは、左右逆側の同動作を続ける。

まず目につくのが上下動。冒頭にいきなり騎馬立ちになるように腰を落とし、すぐさま腰を上げる。この動作によって足腰が鍛えられるが、それだけではない。この上下動と左右動は、実戦的な受けにおいても有効なものなのだ（142ページ写真参照）。最初の内受けは、体幹の左右動があって初めて成立するのは先述の通り（49ページ参照）だが、そこに上下動を加えたここでの体幹移動がスムーズに行なう事ができて初めて実戦的な受けは成立する。

大きく動いた方が相手攻撃線をはずせるのは自明ながら、実戦的にはそうのんびりしていられない。瞬時に確実にスムーズに体幹を移動させる操法が求められる。

実戦性を追求する事は、ある意味そのまま〝柔らかさ〟を追求する事でもある。固く、滞りのある、ギクシャクした体幹移動では実戦に通用する受けは成立しない。

この稽古は一人で行なえるものだが、実際に攻撃が自分に向かってくるイメージを具体的に持ちながら行なうとよい。

浮木手

自然立ちから、足を広げて腰を落としながら、左手で内受けしつつ右手直突き（写真1～2）。左足に右足を寄せつつ立ち上がって右裏拳（写真3）。右前蹴りをして（写真4）写真1に戻り、今度は逆側の同動作を行なう。

1

2

3

4

浮木手の実戦用例

浮木手の体動を、対人の実戦用例に置き換えるとこのようになる。相手右上段突きを、左に体を移動させ、さらに身を沈めながら〝内受け逆突き〟（写真1〜2）。身を高めつつ相手の死角から裏拳を入れ（写真3）、前蹴りを続けて入れる（写真4）。

柔らかな心

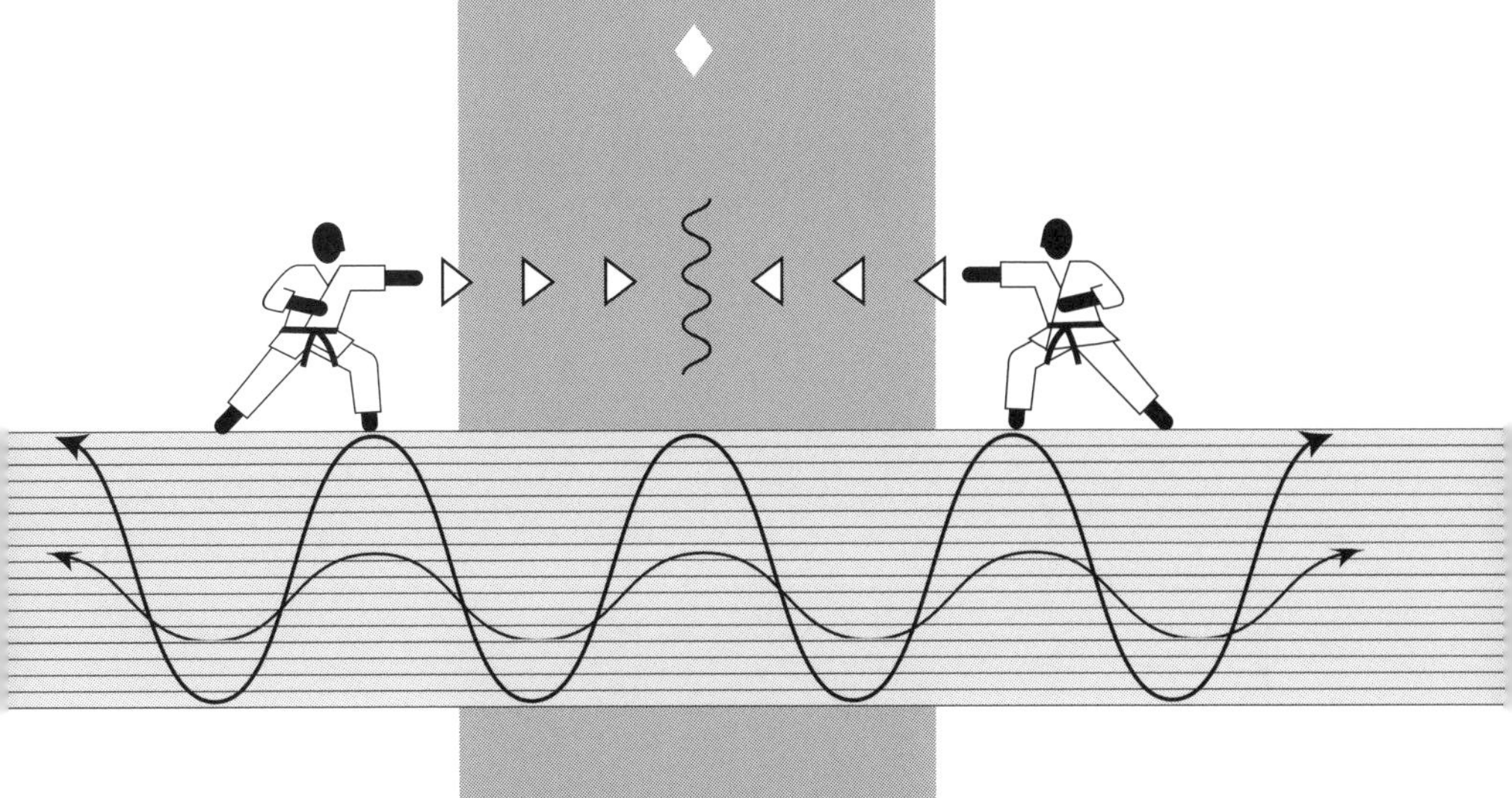

1 〝睨撃（げいげき）〟

当流では〝睨撃（げいげき）〟という言葉を基本コンセプトとして掲げている。

一般的に知られている言葉にすれば「迎撃」という事になる。〝迎え撃つ〟という事だが、それよりももっと能動的に、睨みをきかせている状態を意味させるため〝睨撃〟という文字を用いるようにしている。

これにはいくつもの理がある。

まず、人間は流儀、能力、熟練度を問わず、攻撃してきた瞬間に必ず最大の隙が生じるもの、という事だ。そこをつければ必ず勝てる。

実際に命を賭けた戦いを通して培われてきた古流武術の技術は、実はほとんどがこの図式になっている。つまり、先手必勝を目指すのでなく、相手が攻撃してきてから、カウンターをとるのだ。

かつての刀を用いた戦いは、相手についての予備知識がまったくない状態で行なわれた。刀を振る速度も、踏み込みの速度も、刀の長さもわからない。もちろん〝弱点〟もわからない。もしかしたら、自分より実力がはるか上の達人かもしれない。

そんな相手に向かって、一か八かの攻撃を仕掛けていく事自体が自殺行為だ。しかし、そんな達人でも、向こうから攻撃を仕掛けてくるのなら、それ自体さえ凌げれば、目の前には必ず〝隙〟が顕れる。

これは今日行なわれているボクシング、ＭＭＡ等の格闘技でも同じだ。先制攻撃が首尾よく決まってくれればいいが、多くの場合はそうはいかない。すると必然、カウンター狙いになる。お互い手を出さない〝睨み合い〟の試合は、観ている側からすると面白くないが、実は最も熾烈な戦いが繰り広げられている場面なのだ。

格闘技はポイントをとらなければならないが、武術としての空手を考えた場合、その必要もない。つまり、純粋に相手の動きを待てる。ここに気付けた時にもたらされる心理的効果は大きい。

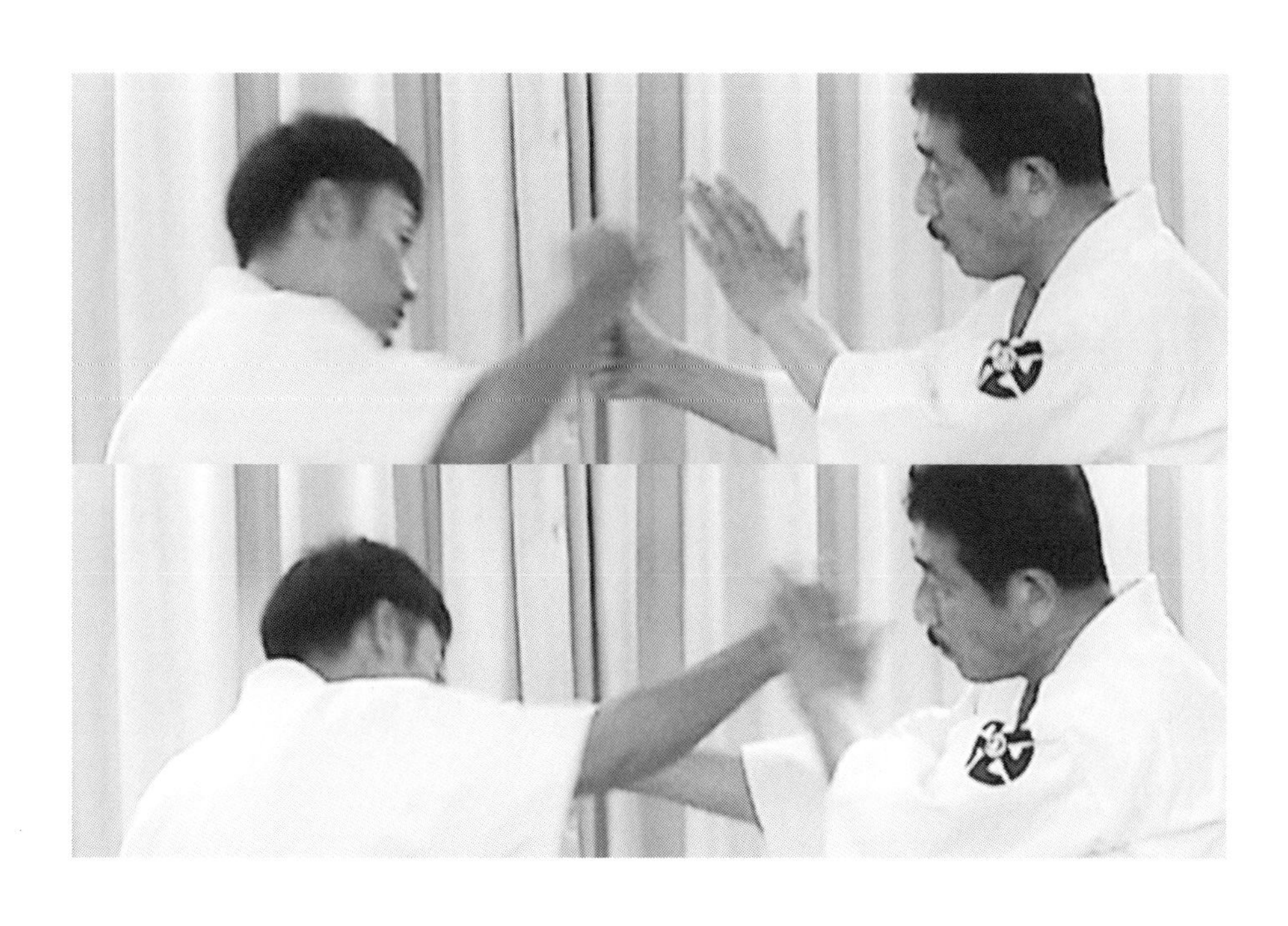

人はあれやこれやと物を考えるほど、不安材料も増えてきて、力んだり萎縮したりする。それさえなければ、ゆとりのある心でいられるのだ。

戦いに臨む者が〝ゆとりのある心〟でいられたら、それだけでもう勝ちに等しいと言えるだろう。本書でここまでご紹介してきた〝柔らかい身体〟〝柔らかい身遣い〟は結局これのためにある。つまり〝柔らかな心〟だ。

2 〝邀撃〟

〝邀撃〟という言葉をご存知な方は少ないだろう。〝睨撃〟と似たニュアンスながら、こちらも当流が大切にしているコンセプトだ。

こちらの意味は「こちらが望むところまで敵を来させてから全力で迎え撃つ事」となる。

「誘い」という要素も含むが、〝邀撃〟を実現する方法論にはもっと膨大なものがある。そしてそのどれもに共通する前提条件がある。それは「敵を来さ

せるに耐え得る精神力」だ。昔なら〝胆力〟と表現したかもしれない。

敵はしてやったりと踏み込んでくる。この〝してやったり〟度合いが強いほど、〝邀撃〟は完璧に成立する。つまり、敵が「有利に事が運べている」と思いながら踏み込んできてくれるほど、大きな隙が生じる。

ここがわかっていれば、〝柔らかい〟ままでいられるのだ。なかなか実際にはそうはいかないがこれが真実だ。ここに本当の意味で気付けるか、真実を悟れるかが大きな分かれ目なのだ。

〝してやったり〟と踏み込んでくる敵は、それはそれでやはり怖い。敵と自分を対立概念ととらえているうちは、この恐怖は拭い去れないだろう。つまり「相手が上手くいっているイコール自分がまずい事になっている」という図式だ。

ここは発想を転換してしまうといい。敵と自分は〝共同作業〟をやっているのだと。

例えばだが、実際〝カウンター・パンチ〟の威力

を作り出しているものの大半は相手の突進力である。相手の攻撃力が強いほど、カウンターの威力も強くなる。

そう考えられるようになると、〝来させる〟事ができるようになる。

〝来た〟から慌てて対処するのは、実際にはなかなか大変だ。そうではなく〝睨〟なのだという事は前項でご説明した通りだが、ある意味それを一歩進めた状態にできるのが〝邀撃〟なのだと思う。

どうだろう。戦いに臨む心理がだいぶ楽になってきたのではないだろうか。

3 心の壁

固まってしまうとなかなか〝柔らかく〟なってくれないのは、身体よりも心の方なのかもしれない。

例えば、「動きたい方向から遠い側の足より動き始めるステップ」の合理性は第4章でご紹介した。そしてそれが、ただ歩く動作などと同種の本来の自然な動きである事も同章で述べた。しかし、実際のところは、なかなか自由組手や試合などでこれが出るようにはならないのだ。ステップの練習をかなりやりこんでも、だ。

もちろん、このステップ自体が複雑で難しいものな訳ではない。しかし、実戦で焦りが入ると、どうしても近足から動いてしまうのだ。

つまり、このステップを難しいものにしているのは心の壁という事になる。

心が柔らかく在れれば、空手も強くなる。これは確実に言える事だ。

4 柔らかい空手

私は、自分の空手を〝柔らかく〟できたのは、岩城宗家から教わった天心象水流拳法のおかげだと思っている。

実際に空手の技術体系の中に、古流武術である天心象水流拳法の術理を取り入れさせていただいた。

空手の伝承過程において〝変えてはならない〟とお考えの方はけしからんとお感じになるかもしれない。でも、私は、空手は変化、進化すべきだと思っている。

革命を意味する「リボルーション（Revolution）」という英語は、「再び（Re）」と「巡り来る（volute）」が合わさった言葉で、「古きよき知恵を再び巡らせて現代に有効活用する」というのが本来の意味だそうだ。

革命家を気取るつもりは毛頭ないが、この意味では自分が志向した事は〝革命〟なのだろうと感じるのだ。

空手に古の武術を取り入れ、再びその技術を活かす、これが私が目指した事だ。

力に頼らない「かわす技」や運足を取り入れた技術に発展してきた歴史は、実は〝負ける事のない〟空手の道そのものだと思う。だからこそ、暖簾（のれん）のようにぶつかってもフワッとかわす技、その場に居着かない「立ち方、歩み」といった、その多くにおいて本来異種とみられるはずの天心象水流拳法の技と梁山泊空手道の技の融合が実現したのだ。

こういう方向に向かえたのも、ある意味発想の〝柔らかさ〟があったからなのではないかと思っている。心の〝柔らかさ〟は生まれつきで決まるものでも、脳トレで得られるものでもない。意外に思われる方もいるかもしれないが、身体を柔らかく遣う事によってもたらされる部分も多々あるのだ。

本書冒頭から第6章まで、すべてを心を取り扱ったものだと読み替えていただいても構わない。それほど心と身体は一体のものだ。

私が重視している「受け」は、身体が柔らかく遣えれば、すぐに自信がもてるようになる。そうすればますます力まず、不自然な動きをせずとも済むようになる。そうすればますます負け難くなる。

本書を手に取って下さった方は他流派の空手をなさっている方もいれば、格闘技の方も、いろいろな立場の方がいるだろう。

まずはその柔らかな姿勢に敬意を表しつつ、まずは〝柔らかな心〟を手に入れていただきたいと願うのだ。

山泊

本ページおよび次ページ題字：梁山泊空手道連合 最高顧問（加文字釜鉞／書家 塚本弥生）

本来の意味ある〝やわらかい〟は「偄」と書きますが、一般的な漢字として読みやすく、理解を得やすくするため、本書においては「柔らかい」を用いました。

「而」は〝ひげ〟を意味し、弾力があってしなやかな強さを意味します。「亻」も「大」も〝人〟を意味します。

また、他にも〝受け〟は止めるという意味をもつ「扞」という字を用います。

漢字には深い深い意味があります。

時に、武の術理を示す事もあります。

そんな事にもぜひ、思いを馳せてみて下さい。

柔らかい空手

おわりに

我々梁山泊は、歴史ある技術と新たな技術を融合した武道空手の境地を目指しています。目指す境地は眞理であり、それは唯の一つの頂点です。しかし、登る道は人生のように様々で良いのです。

なぜなら、どんなに正しい理論があっても、その理論を技として現実化するのは、他ならぬ自分自身なのですから。

何々流空手だと自慢したり、強さを保持するのではなく、素直な心で優れた技を吸収し、どれだけ練磨できるかが武道における歩みを意味します。

そして、その歩みの方法を授ける者が指導者と称し、称される。だからこそ、「指導・上達法は指導者の責任の中」にあるといえるのです。そもそも、空手の技は、他の格闘技も参考にし、優れた技術を追求すべきものです。

空手流派間・格闘技間の最強論争ではなく、誰もが強くなれる上達法、強く育てる指導法こそが大切なのだと思うのです。

我々は、一部の運動能力の優れた人達だけではなく、普通の人が、学校や会社帰りに練習しても強くなれる練習法を実践しています。たとえ、30代から50代のビジネスマンであっても、血気溢れる10代から20代の青少年とも試合が行なえる大会を開催していることにもそれは表れていると自負しております。

技術追究において、その究極に近づくことは、体力・年齢を超えた、また新たな心技の世界を広げて行く道となります。

一生涯登り続けることができる道を創ることが空手道です。

それは辿り着くには遠い道ですが、人生をかけるに相応しい眞理へ通じる道です。

空手を習う多くの人達は、極々普通の社会人、子供達です。しかし、そのような「普通」の人達こそが空手界・武道界を支える旅人になりうるのです。

弱者から強者へ、世代を超えた空手をめざす梁山泊は、誰もが身を守れる強さを得られることを練習における一つの道のりとしています。自分に向いているか考える前に、まず好奇心を持って試してみることが「自己改革」の一歩であり、それがあなたの転機・チャンスとなるのです。

まさに継続は力なり、それが梁山泊空手の稽古を象徴しています。


末尾ながら、ステップトレーニングの基礎稽古のヒントとなった、沖縄拳法空手道協会。喜納敏光会長に感謝致します。

今回の出版にあたり、推薦文を書いて頂いた藤岡弘、名誉会長、長年、梁山泊空手を支援協力して頂いた皆様、塚本弥一郎最高顧問（加文字釜鉞／書家 塚本弥生）・（公認会計士・税理士・MBA 塚本弥青）、そして、梁山泊空手道を支えてきた多くの弟子たちや家族に感謝致します。

また、今回の「柔らかい空手」出版に当たり、大変ご尽力を頂いた「原田伸幸・編集者」に感謝致します。

２０２０年年６月

世界梁山泊空手道連合　総帥
富樫宜弘

著者

富樫宜弘（とがし よしひろ）

1954年　山形県生まれ。

1970年　キックボクシングジムの名門目黒ジム(現.藤本ジム)に入門。

1973年　沖縄に渡り、沖縄拳法空手道を喜納敏光 師範の元で修練。

1979年　単身東南アジアを回り、スリランカ/チュンナカム警察署において実践空手を披露。

1985年　梁山泊空手道連合を創設。
以後、東京練馬総本部を拠点とし門下生を育成。「眞のヒトと成る為の生き方を提唱」 武道体験を通じた青少年育成教育を推進し眞の活き方を指導。また、子弟修練に励み、指導を受けた弟子達は様々な他流派空手大会へ挑み入選多数。

1993年　警視庁少年補導員を委嘱され、10年後に少年補導員（協助委員）となり現在に至る。
街頭補導や武道体験教育による青少年の健全育成等で非行防止に協力。

2000年　眞の日本武道を継承する団体として、眞日本武道空手道連盟・KARATE KID'S JAPANを、藤原道場、尚道館等の空手団体と共に設立。
眞日本武道空手道連盟・名誉会長には、俳優・武道家の藤岡弘、氏が就任。会長には、菅原一秀衆議院議員が就任された。競技空手ではなく、眞の日本武道を後継者へ伝えるべく、空手、古流武術・拳法の継承を組織的に活動。

2002年　眞日本武道空手道連盟 第1回連盟会議を実現。以後毎年開催。

2004年　日本武術界三大名人の一人である天心象水流拳法 岩城象水初代宗家に師事し、1300年の歴史を持つ上野家家伝の天心古流拳法の修業開始。
天心象水流拳法・師範状を授与。

2008年　天心象水流拳法・免許皆伝。

2012年　東京都より青少年健全育成協力員を委嘱。

2013年　梁山泊空手道連合総本部を移転、4月21日新道場開設記念式典開催。

2015年　梁山泊空手道連合創立30周年記念、日本武道杯・日本武道空手道選手権大会を開催。

2017年　武蔵天心象水流拳法二代宗家を継承。

2018年　梁山泊空手道の核技術の集大成、梁山泊空手道睨撃拳／邀撃手組手型を完成。

装幀：梅村昇史
本文デザイン：中島啓子

柔らかい空手 本当に通用する“柔らかさ”とは？

2020年7月20日　初版第1刷発行

著　　者　富樫宜弘
発 行 者　東口敏郎
発 行 所　株式会社ＢＡＢジャパン
〒151-0073 東京都渋谷区笹塚 1-30-11　4・5Ｆ
TEL　03-3469-0135　　　FAX　03-3469-0162
URL　http://www.bab.co.jp/
E-mail　shop@bab.co.jp
郵便振替 00140-7-116767
印刷・製本　中央精版印刷株式会社

ISBN978-4-8142-0297-3　C2075

BOOK Collection

新世紀身体操作論 **考えるな、体にきけ!**

本来誰もに備わっている“衰えない力”の作り方!

“達人”に手が届く! とっておきの日野メソッド多数収録! 「胸骨操作」「ラセン」「体重移動」…アスリート、ダンサー、格闘家たちが教えを請う、身体操法の最先端! “自分はできてなかった”そこからすべてが始まる! 年老いても達人たり得る武術システムの不思議!意識するほど“非合理”化する身体の不思議! 知られざる「身体の不思議」すべてを明らかにする!!!

●日野晃 著 ●A5判 ●208頁 ●本体1,600円+税

本当に強くなる“一人稽古”

武道の「型」が秘めた“体内感覚養成法”

ジャンル問わず! 達人たちはみな、“型稽古”で達人になっている! ジャンル問わず、武術に普遍的に存在する、「一人稽古で本当に強くなるシステム」をご紹介! どんな武術・スポーツにも応用可能! 野球でもテニスでも剣道でも、決まった形の素振りを繰り返すのには理由がある! このしくみがわかれば、あなたは“一人”で強くなれる!

●中野由哲 著 ●四六判 ●192頁 ●本体1,400円+税

サムライ・ボディワーク

日本人が求める身体の作り方は日本人が一番知っていた!

強靭な“基盤力”しなやかな“自由身体”敏感な“高精度システム” カタカナ・メソッドばかりがボディワークにあらず! 伝統・古流武術こそが理想のボディワークだった!! 体幹を強化し、全身をしなやかに繋げる! 武道雑誌『月刊秘伝』で紹介された、選りすぐりの“知られざる究極身体法”を収録したトレーニング集!

●『月刊秘伝』編集部 著 ●A5判 ●176頁 ●本体1,600円+税

柔術(やわら)の動き方 **「肩の力」を抜く!**

「〜相手に作用する! 反応されない!〜」 簡単だけどムズかしい? “脱力”できれば、フシギと強い! 筋肉に力を込めるより効率的で、“涼しい顔”のまま絶大な力を相手に作用できる方法があった! 柔術は、人との関わりのなかで最高にリラックスする方法。日常動作や生き方にも通じる方法をわかりやすく教える!

●広沢成山 著 ●四六判 ●220頁 ●本体1,500円+税

何をやってもうまくいく、とっておきの秘訣

武術の“根理”

すべて武術には共通する“根っこ”の法則があります。さまざまな武術に共通して存在する、身体操法上の正解を、わかりやすく解説します。剣術、合気、打撃、中国武術…、達人たちは実は“同じこと”をやっていた!? あらゆる武術から各種格闘技、スポーツ志向者まで、突き当たっていた壁を一気に壊す重大なヒント。これを知っていれば革命的に上達します。

●中野由哲 著 ●四六判 ●176頁 ●本体1,400円+税

BOOK Collection

丹田を作る!丹田を使う!

身体中心の意識が、秘めた能力を引き出す

武道、スポーツ、芸道、メンタルに効果絶大! 古来より伝わる能力開発の到達点! 丹田を極める者は、すべてを極める! ヘソ下3寸、下腹の中にある丹田は古くから日本で重視されてきた。頭（脳）偏重で混迷を極める現代、肚（ハラ）に意識を沈め、自然摂理にしたがった叡知を呼び覚ます。

●吉田始史 著　●四六判　●176頁　●本体1,400円+税

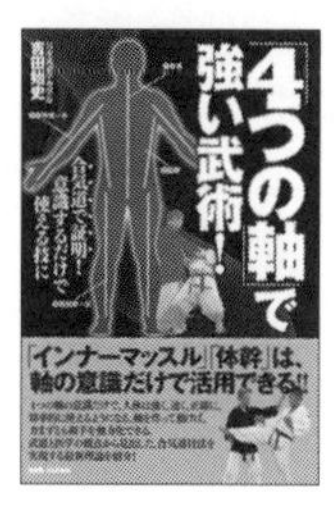

「4つの軸」で強い武術!

合気道で証明!意識するだけで使える技に!

同じ動きをしているハズなのにかからない。合気道を学ぶ上でぶつかるこの壁の越え方を徹底解説。4つの軸の意識だけで、人体は強く、速く、正確に、効率的に使えるようになる。軸を作って動けば、力まずとも相手を無力化できる。武道と医学の観点から見出した、合気道技法を実現する最新理論を紹介!

●吉田始史 著　●四六判　●216頁　●本体1,400円+税

武道家は長生き　いつでも背骨!

〜“武道的カラダ”に学ぶ、健康と強さのコツ〜

「肩甲骨」と「股関節」の意識で背骨が整い、心身を最適化!! 肩こり、腰痛、頭痛、耳鳴り、高血圧、便秘、尿漏れ…。その不定愁訴、原因も解消法も「姿勢」にあり! 剣道家、空手家、合気道家たちの、スッと真っ直ぐ立つ「姿勢」に学ぶ!

●吉田始史 著　●四六判　●184頁　●本体1,400円+税

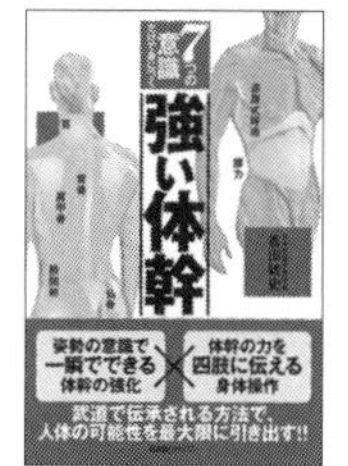

7つの意識だけで身につく　強い体幹

武道で伝承される方法で、人体の可能性を最大限に引き出す! 姿勢の意識によって体幹を強くする武道で伝承される方法を紹介。姿勢の意識によって得られる体幹は、加齢で衰えない武道の達人の力を発揮します。野球、陸上、テニス、ゴルフ、水泳、空手、相撲、ダンス等すべてのスポーツに応用でき、健康な身体を維持するためにも役立ちます。

●吉田始史 著　●四六判　●184頁　●本体1,300円+税

仙骨の「コツ」は全てに通ず　仙骨姿勢講座

“うんこ我慢”は、よい姿勢。骨盤の中心にあり、背骨を下から支える骨・仙骨は、まさに人体の要。これをいかに意識し、上手く使えるか。それが姿勢の良し悪しから身体の健康状態、さらには武道に必要な運動能力まで、己の能力を最大限に引き出すためのコツである。本書は武道家で医療従事者である著者が提唱する「運動基礎理論」から、仙骨を意識し、使いこなす方法を詳述。

●吉田始史 著　●四六判　●230頁　●本体1,400円+税